book2
books in 2 languages

book2 Deutsch - Slowenisch für Anfänger

IMPRINT / IMPRESSUM

Johannes Schumann:
book2 Deutsch - Slowenisch für Anfänger
ISBN-13: 978-3-93-814134-2

Inquiries / Anfragen:
info@50languages.com
info@goethe-verlag.com

Inhalt

1 [eins]

Personen

1 [ena]

Osebe

ich	jaz
ich und du	jaz in ti
wir beide	midva oba (obadva) / midve obe (obedve)
er	on
er und sie	on in ona
sie beide	onadva / onidve
der Mann	moški; mož
die Frau	ženska; žena; gospa
das Kind	otrok
eine Familie	družina
meine Familie	moja družina
Meine Familie ist hier.	Moja družina je tukaj / tu.
Ich bin hier.	Jaz sem tukaj / tu.
Du bist hier.	Ti si tukaj / tu.
Er ist hier und sie ist hier.	On je tukaj in ona je tukaj / tu.
Wir sind hier.	Mi smo tukaj. / Me smo tukaj.
Ihr seid hier.	Vi ste tukaj / tu. / Ve ste tukaj / tu.
Sie sind alle hier.	Oni vsi so tukaj. / One vse so tukaj.

2 [zwei]

Familie

2 [dva]

Družina

der Großvater	dedek, stari oče
die Großmutter	babica, stara mama
er und sie	on in ona (onadva)
der Vater	ata, oče
die Mutter	mama, mati
er und sie	on in ona (onadva)
der Sohn	sin
die Tochter	hči
er und sie	on in ona (onadva)
der Bruder	brat
die Schwester	sestra
er und sie	on in ona (onadva)
der Onkel	stric
die Tante	teta
er und sie	on in ona (onadva)
Wir sind eine Familie.	Mi smo družina.
Die Familie ist nicht klein.	Ta družina ni majhna.
Die Familie ist groß.	Ta družina je velika.

3 [drei]

Kennen lernen

3 [tri]

Spoznati, seznaniti se z

Hallo! — Živjo!
Guten Tag! — Dober dan!
Wie geht's? — Kako vam (ti) gre? Kako ste (si)?

Kommen Sie aus Europa? — Prihajate iz Evrope?
Kommen Sie aus Amerika? — Prihajate iz Amerike?
Kommen Sie aus Asien? — Prihajate iz Azije?

In welchem Hotel wohnen Sie? — V katerem hotelu stanujete / prebivate?
Wie lange sind Sie schon hier? — Kako dolgo ste že tu?
Wie lange bleiben Sie? — Kako dolgo boste ostali?

Gefällt es Ihnen hier? — Vam je všeč tukaj?
Machen Sie hier Urlaub? — Ali ste tukaj na dopustu?
Besuchen Sie mich mal! — Obiščite me kaj! (Obiščite me kdaj!)

Hier ist meine Adresse. — Tukaj je moj naslov.
Sehen wir uns morgen? — Se vidiva (vidimo) jutri?
Tut mir Leid, ich habe schon etwas vor. — Žal mi je, za jutri imam že nekaj drugega v načrtu.

Tschüs! — Adijo!
Auf Wiedersehen! — Na svidenje!
Bis bald! — Se vidimo!

4 [vier]

4 [štiri]

In der Schule

V šoli

Wo sind wir?
Wir sind in der Schule.
Wir haben Unterricht.

Kje smo?
Smo v šoli.
Imamo pouk.

Das sind die Schüler.
Das ist die Lehrerin.
Das ist die Klasse.

To so dijaki.
To je učiteljica.
To je razred.

Was machen wir?
Wir lernen.
Wir lernen eine Sprache.

Kaj počnemo (delamo)?
Učimo se.
Učimo se jezik.

Ich lerne Englisch.
Du lernst Spanisch.
Er lernt Deutsch.

Učim se angleščino.
Učiš se španščino.
Uči se nemščino.

Wir lernen Französisch.
Ihr lernt Italienisch.
Sie lernen Russisch.

Učimo se francoščino.
Učite se italijanščino.
Učijo se ruščino.

Sprachen lernen ist interessant.
Wir wollen Menschen verstehen.
Wir wollen mit Menschen sprechen.

Učenje jezikov je zanimivo.
Hočemo razumeti ljudi.
Hočemo se pogovarjati z ljudmi.

5 [fünf]

Länder und Sprachen

5 [pet]

Dežele in jeziki

John ist aus London.
London liegt in Großbritannien.
Er spricht Englisch.

John je iz Londona.
London se nahaja v Veliki Britaniji.
On govori angleško.

Maria ist aus Madrid.
Madrid liegt in Spanien.
Sie spricht Spanisch.

Marija je iz Madrida.
Madrid se nahaja v Španiji.
Ona govori špansko.

Peter und Martha sind aus Berlin.
Berlin liegt in Deutschland.
Sprecht ihr beide Deutsch?

Peter in Marta sta iz Berlina.
Berlin se nahaja v Nemčiji.
Ali vidva govorita nemško?

London ist eine Hauptstadt.
Madrid und Berlin sind auch Hauptstädte.
Die Hauptstädte sind groß und laut.

London je glavno mesto.
Madrid in Berlin sta tudi glavna mesta.
Glavna mesta so velika in bučna.

Frankreich liegt in Europa.
Ägypten liegt in Afrika.
Japan liegt in Asien.

Francija se nahaja v Evropi.
Egipt se nahaja v Afriki.
Japonska se nahaja v Aziji.

Kanada liegt in Nordamerika.
Panama liegt in Mittelamerika.
Brasilien liegt in Südamerika.

Kanada se nahaja v Severni Ameriki.
Panama se nahaja v Srednji Ameriki.
Brazilija se nahaja v Južni Ameriki.

6 [sechs]

Lesen und schreiben

6 [šest]

Branje in pisanje

Ich lese.
Ich lese einen Buchstaben.
Ich lese ein Wort.

Berem. (Jaz berem.)
Berem črko. (Črkujem.)
Berem besedo.

Ich lese einen Satz.
Ich lese einen Brief.
Ich lese ein Buch.

Berem stavek.
Berem pismo. / Berem dopis.
Berem knjigo.

Ich lese.
Du liest.
Er liest.

Berem.
Bereš.
Bere.

Ich schreibe.
Ich schreibe einen Buchstaben.
Ich schreibe ein Wort.

Pišem. (Jaz pišem.)
Pišem črko.
Pišem besedo.

Ich schreibe einen Satz.
Ich schreibe einen Brief.
Ich schreibe ein Buch.

Pišem stavek.
Pišem pismo.
Pišem knjigo.

Ich schreibe.
Du schreibst.
Er schreibt.

Pišem.
Pišeš.
Piše.

7 [sieben] Zahlen

7 [sedem] Števila

Ich zähle: eins, zwei, drei Ich zähle bis drei.	Štejem: ena, dva, tri Štejem do tri.
Ich zähle weiter: vier, fünf, sechs, sieben, acht, neun	Štejem naprej: štiri, pet, šest, sedem, osem, devet
Ich zähle. Du zählst. Er zählt.	Štejem. (Jaz štejem.) Šteješ. (Ti šteješ.) Šteje. (On šteje.)
Eins. Der Erste. Zwei. Der Zweite. Drei. Der Dritte.	Ena. Prvi. Dva. Drugi. Tri. Tretji.
Vier. Der Vierte. Fünf. Der Fünfte. Sechs. Der Sechste.	Štiri. Četrti. Pet. Peti. Šest. Šesti.
Sieben. Der Siebte. Acht. Der Achte. Neun. Der Neunte.	Sedem. Sedmi. Osem. Osmi. Devet. Deveti.

8 [acht]

Uhrzeiten

8 [osem]

Koliko je ura?

Entschuldigen Sie!	Oprostite!
Wie viel Uhr ist es, bitte?	Mi lahko poveste, koliko je ura?
Danke vielmals.	Prav lepa hvala.
Es ist ein Uhr.	Ura je ena.
Es ist zwei Uhr.	Ura je dva.
Es ist drei Uhr.	Ura je tri.
Es ist vier Uhr.	Ura je štiri.
Es ist fünf Uhr.	Ura je pet.
Es ist sechs Uhr.	Ura je šest.
Es ist sieben Uhr.	Ura je sedem.
Es ist acht Uhr.	Ura je osem.
Es ist neun Uhr.	Ura je devet.
Es ist zehn Uhr.	Ura je deset.
Es ist elf Uhr.	Ura je enajst.
Es ist zwölf Uhr.	Ura je dvanajst.
Eine Minute hat sechzig Sekunden.	Minuta ima šestdeset sekund.
Eine Stunde hat sechzig Minuten.	Ura ima šestdeset minut.
Ein Tag hat vierundzwanzig Stunden.	Dan ima štiriindvajset ur.

9 [neun]

Wochentage

9 [devet]

Dnevi tedna

der Montag	ponedeljek
der Dienstag	torek
der Mittwoch	sreda
der Donnerstag	četrtek
der Freitag	petek
der Samstag	sobota
der Sonntag	nedelja
die Woche	teden
von Montag bis Sonntag	od ponedeljka do nedelje
Der erste Tag ist Montag.	Prvi dan je ponedeljek.
Der zweite Tag ist Dienstag.	Drugi dan je torek.
Der dritte Tag ist Mittwoch.	Tretji dan je sreda.
Der vierte Tag ist Donnerstag.	Četrti dan je četrtek.
Der fünfte Tag ist Freitag.	Peti dan je petek.
Der sechste Tag ist Samstag.	Šesti dan je sobota.
Der siebte Tag ist Sonntag.	Sedmi dan je nedelja.
Die Woche hat sieben Tage.	Teden ima sedem dni.
Wir arbeiten nur fünf Tage.	Delamo samo pet dni.

10 [zehn]

Gestern – heute – morgen

10 [deset]

Včeraj – danes – jutri

Gestern war Samstag. Gestern war ich im Kino. Der Film war interessant.	Včeraj je bila sobota. Včeraj sem bil / bila v kinu. Film je bil zanimiv.
Heute ist Sonntag. Heute arbeite ich nicht. Ich bleibe zu Hause.	Danes je nedelja. Danes ne delam. Ostal/a bom doma.
Morgen ist Montag. Morgen arbeite ich wieder. Ich arbeite im Büro.	Jutri je ponedeljek. Jutri spet delam. Delam v pisarni.
Wer ist das? Das ist Peter. Peter ist Student.	Kdo je to? To je Peter. Peter je študent.
Wer ist das? Das ist Martha. Martha ist Sekretärin.	Kdo je to? To je Marta. Marta je tajnica.
Peter und Martha sind Freunde. Peter ist der Freund von Martha. Martha ist die Freundin von Peter.	Peter in Marta sta prijatelja. Peter je Martin prijatelj. Marta je Petrova prijateljica.

11 [elf]

Monate

11 [enajst]

Meseci

der Januar
der Februar
der März

der April
der Mai
der Juni

Das sind sechs Monate.
Januar, Februar, März,
April, Mai und Juni.

der Juli
der August
der September

der Oktober
der November
der Dezember

Das sind auch sechs Monate.
Juli, August, September,
Oktober, November und Dezember.

Januar
Februar
Marec

April
Maj
Junij

To je šest mesecev.
Januar, februar, marec,
april, maj in junij.

Julij
Avgust
September

Oktober
November
December

Tudi to je šest mesecev.
Julij, avgust, september,
oktober, november in december.

12 [zwölf] | 12 [dvanajst]

Getränke | Pijače

Ich trinke Tee. Ich trinke Kaffee. Ich trinke Mineralwasser.	Pijem čaj. Pijem kavo. Pijem mineralno vodo.
Trinkst du Tee mit Zitrone? Trinkst du Kaffee mit Zucker? Trinkst du Wasser mit Eis?	Piješ čaj z limono? Piješ kavo s sladkorjem? Piješ vodo z ledom?
Hier ist eine Party. Die Leute trinken Sekt. Die Leute trinken Wein und Bier.	Tukaj je zabava. Ljudje pijejo penino. Ljudje pijejo vino in pivo.
Trinkst du Alkohol? Trinkst du Whisky? Trinkst du Cola mit Rum?	Piješ alkohol? Piješ viski? Piješ kolo z rumom?
Ich mag keinen Sekt. Ich mag keinen Wein. Ich mag kein Bier.	Ne maram penine. Ne maram vina. Ne maram piva.
Das Baby mag Milch. Das Kind mag Kakao und Apfelsaft. Die Frau mag Orangensaft und Grapefruitsaft.	Dojenčki imajo radi mleko. Otroci imajo radi kakav in jabolčni sok. Ženske imajo rade pomarančni sok in sok grenivke.

13 [dreizehn]

13 [trinajst]

Tätigkeiten

Dejavnosti

Was macht Martha?	Kaj dela Marta?
Sie arbeitet im Büro.	Dela v pisarni.
Sie arbeitet am Computer.	Dela z računalnikom.
Wo ist Martha?	Kje je Marta?
Im Kino.	V kinu.
Sie schaut sich einen Film an.	Gleda film.
Was macht Peter?	Kaj dela Peter?
Er studiert an der Universität.	Študira na univerzi.
Er studiert Sprachen.	Študira jezike.
Wo ist Peter?	Kje je Peter?
Im Café.	V kavarni.
Er trinkt Kaffee.	Pije kavo.
Wohin gehen sie gern?	Kam radi (rade) gredo? / Kam rada (radi) gresta?
Ins Konzert.	Na koncert.
Sie hören gern Musik.	Radi (Rade) poslušajo glasbo. / Rada (Radi) poslušata glasbo.
Wohin gehen sie nicht gern?	Kam neradi (nerade) hodijo? / Kam nerada (neradi) hodita?
In die Disco.	V disco.
Sie tanzen nicht gern.	Neradi (Nerade) plešejo? / Nerada (Neradi) plešeta?

14 [vierzehn]

Farben

14 [štirinajst]

Barve

Der Schnee ist weiß.
Die Sonne ist gelb.
Die Orange ist orange.

Sneg je bel.
Sonce je rumeno.
Pomaranča je oranžna.

Die Kirsche ist rot.
Der Himmel ist blau.
Das Gras ist grün.

Češnja je rdeča.
Nebo je modro.
Trava je zelena.

Die Erde ist braun.
Die Wolke ist grau.
Die Reifen sind schwarz.

Zemlja je rjava.
Oblak je siv.
Avtomobilske gume so črne.

Welche Farbe hat der Schnee? Weiß.
Welche Farbe hat die Sonne? Gelb.
Welche Farbe hat die Orange? Orange.

Kakšno barvo ima sneg? Belo.
Kakšno barvo ima sonce? Rumeno.
Kakšno barvo ima pomaranča? Oranžno.

Welche Farbe hat die Kirsche? Rot.
Welche Farbe hat der Himmel? Blau.
Welche Farbe hat das Gras? Grün.

Kakšno barvo ima češnja? Rdečo.
Kakšno barvo ima nebo? Modro.
Kakšno barvo ima trava? Zeleno.

Welche Farbe hat die Erde? Braun.
Welche Farbe hat die Wolke? Grau.
Welche Farbe haben die Reifen? Schwarz.

Kakšno barvo ima zemlja? Rjavo.
Kakšno barvo ima oblak? Sivo.
Kakšno barvo imajo avtomobilske gume? Črno.

15 [fünfzehn]

Früchte und Lebensmittel

15 [petnajst]

Sadje in živila

Ich habe eine Erdbeere. Ich habe eine Kiwi und eine Melone. Ich habe eine Orange und eine Grapefruit.	Imam eno jagodo. Imam en kivi in eno melono. Imam eno pomarančo in eno grenivko.
Ich habe einen Apfel und eine Mango. Ich habe eine Banane und eine Ananas. Ich mache einen Obstsalat.	Imam eno jabolko in en mango. Imam eno banano in en ananas. Pripravljam sadno solato.
Ich esse einen Toast. Ich esse einen Toast mit Butter. Ich esse einen Toast mit Butter und Marmelade.	Jem toast. Jem toast z maslom. Jem toast z maslom in marmelado.
Ich esse ein Sandwich. Ich esse ein Sandwich mit Margarine. Ich esse ein Sandwich mit Margarine und Tomate.	Jem sendvič. Jem sendvič z margarino. Jem sendvič z margarino in paradižnikom.
Wir brauchen Brot und Reis. Wir brauchen Fisch und Steaks. Wir brauchen Pizza und Spagetti.	Potrebujemo (potrebujeva) kruh in riž. Potrebujemo (potrebujeva) ribe in zrezke. Potrebujemo (potrebujeva) pico in špagete.
Was brauchen wir noch? Wir brauchen Karotten und Tomaten für die Suppe. Wo ist ein Supermarkt?	Kaj še potrebujemo (potrebujeva)? Potrebujemo (potrebujeva) korenje in paradižnik za juho. Kje je samopostrežna trgovina (supermarket)?

16 [sechzehn]

16 [šestnajst]

Jahreszeiten und Wetter

Letni časi in vreme

Das sind die Jahreszeiten:
Der Frühling, der Sommer,
der Herbst und der Winter.

To so letni časi:
pomlad, poletje,
jesen in zima.

Der Sommer ist heiß.
Im Sommer scheint die Sonne.
Im Sommer gehen wir gern spazieren.

Poletje je vroče.
Poleti sije sonce.
Poleti se radi sprehajamo.

Der Winter ist kalt.
Im Winter schneit oder regnet es.
Im Winter bleiben wir gern zu Hause.

Zima je mrzla.
Pozimi sneži ali dežuje.
Pozimi radi ostajamo doma.

Es ist kalt.
Es regnet.
Es ist windig.

Mrzlo je.
Dežuje.
Vetrovno je.

Es ist warm.
Es ist sonnig.
Es ist heiter.

Toplo je.
Sončno je.
Jasno je.

Wie ist das Wetter heute?
Es ist kalt heute.
Es ist warm heute.

Kakšno je danes vreme?
Danes je mrzlo.
Danes je toplo.

17 [siebzehn]

Im Haus

17 [sedemnajst]

V hiši

Hier ist unser Haus.
Oben ist das Dach.
Unten ist der Keller.

Tukaj je naša hiša.
Zgoraj je streha.
Spodaj je klet.

Hinter dem Haus ist ein Garten.
Vor dem Haus ist keine Straße.
Neben dem Haus sind Bäume.

Za hišo je vrt.
Pred hišo ni nobene ceste.
Poleg hiše so drevesa.

Hier ist meine Wohnung.
Hier ist die Küche und das Bad.
Dort sind das Wohnzimmer und das Schlafzimmer.

Tukaj je moje stanovanje.
Tukaj sta kuhinja in kopalnica.
Tam sta dnevna soba in spalnica.

Die Haustür ist geschlossen.
Aber die Fenster sind offen.
Es ist heiß heute.

Vhodna vrata so zaprta.
Ampak okna so odprta.
Danes je vroče.

Wir gehen in das Wohnzimmer.
Dort sind ein Sofa und ein Sessel.
Setzen Sie sich!

Gremo (greva) v dnevno sobo.
Tam sta zofa in stol.
Usedite se! / Usedita se!

Dort steht mein Computer.
Dort steht meine Stereoanlage.
Der Fernseher ist ganz neu.

Tam stoji moj računalnik.
Tam je moja stereo naprava.
Televizor je popolnoma nov.

18 [achtzehn]

Hausputz

18 [osemnajst]

Veliko čiščenje

Heute ist Samstag.	Danes je sobota.
Heute haben wir Zeit.	Danes imamo čas.
Heute putzen wir die Wohnung.	Danes počistimo stanovanje.
Ich putze das Bad.	Jaz čistim kopalnico.
Mein Mann wäscht das Auto.	Mož pere avto.
Die Kinder putzen die Fahrräder.	Otroci čistijo kolesa. / Otroka čistita kolesi (kolesa).
Oma gießt die Blumen.	Babica zaliva rože.
Die Kinder räumen das Kinderzimmer auf.	Otroci pospravljajo (Otroka pospravljata) otroško sobo.
Mein Mann räumt seinen Schreibtisch auf.	Mož pospravlja svojo pisalno mizo.
Ich stecke die Wäsche in die Waschmaschine.	Jaz vlagam perilo v pralni stroj.
Ich hänge die Wäsche auf.	Jaz obešam perilo.
Ich bügele die Wäsche.	Jaz likam perilo.
Die Fenster sind schmutzig.	Okna so umazana.
Der Fußboden ist schmutzig.	Tla so umazana.
Das Geschirr ist schmutzig.	Posoda je umazana.
Wer putzt die Fenster?	Kdo pomiva okna?
Wer saugt Staub?	Kdo sesa prah?
Wer spült das Geschirr?	Kdo pomiva posodo?

19 [neunzehn]

19 [devetnajst]

In der Küche

V kuhinji

Hast du eine neue Küche? Was willst du heute kochen? Kochst du elektrisch oder mit Gas?	Imaš novo kuhinjo? Kaj želiš danes skuhati? Kuhaš na elektriko ali na plin?
Soll ich die Zwiebeln schneiden? Soll ich die Kartoffeln schälen? Soll ich den Salat waschen?	Naj narežem čebulo? Naj olupim krompir? Naj operem solato?
Wo sind die Gläser? Wo ist das Geschirr? Wo ist das Besteck?	Kje so kozarci? Kje je posoda? Kje je pribor?
Hast du einen Dosenöffner? Hast du einen Flaschenöffner? Hast du einen Korkenzieher?	Imaš odpirač za konzerve? Imaš odpirač za steklenice? Imaš odpirač za zamaške?
Kochst du die Suppe in diesem Topf? Brätst du den Fisch in dieser Pfanne? Grillst du das Gemüse auf diesem Grill?	Kuhaš juho v tem loncu? Pečeš ribo v tej ponvi? Pražiš zelenjavo na tem žaru?
Ich decke den Tisch. Hier sind die Messer, Gabeln und Löffel. Hier sind die Gläser, die Teller und die Servietten.	Pripravljam mizo. Tukaj so noži, vilice in žlice. Tukaj so kozarci, krožniki in prtički.

20 [zwanzig]

Small Talk 1

20 [dvajset]

Kratek pogovor 1

Machen Sie es sich bequem!	Namestite se udobno!
Fühlen Sie sich wie zu Hause!	Počutite se kot doma!
Was möchten Sie trinken?	Kaj boste pili?
Lieben Sie Musik?	Ljubite glasbo?
Ich mag klassische Musik.	Imam rad klasično glasbo.
Hier sind meine CDs.	Tukaj so moji CD-ji.
Spielen Sie ein Instrument?	Igrate na kakšen instrument?
Hier ist meine Gitarre.	Tukaj je moja kitara.
Singen Sie gern?	Radi pojete?
Haben Sie Kinder?	Imate otroke?
Haben Sie einen Hund?	Imate psa?
Haben Sie eine Katze?	Imate mačko?
Hier sind meine Bücher.	Tukaj so moje knjige.
Ich lese gerade dieses Buch.	Ravnokar berem to knjigo.
Was lesen Sie gern?	Kaj radi berete?
Gehen Sie gern ins Konzert?	Radi hodite na koncerte?
Gehen Sie gern ins Theater?	Radi hodite v gledališče?
Gehen Sie gern in die Oper?	Radi hodite v opero?

21
[einundzwanzig]

21 [enaindvajset]

Small Talk 2

Kratek pogovor 2

Woher kommen Sie?
Aus Basel.
Basel liegt in der Schweiz.

Odkod prihajate?
Iz Basla.
Basel je v Švici.

Darf ich Ihnen Herrn Müller vorstellen?
Er ist Ausländer.
Er spricht mehrere Sprachen.

Ali vam smem predstaviti gospoda Müllerja?
On je tujec.
On govori več jezikov.

Sind Sie zum ersten Mal hier?
Nein, ich war schon letztes Jahr hier.
Aber nur eine Woche lang.

Ali ste prvič tukaj?
Ne, bil sem tukaj že lani.
Vendar samo en teden.

Wie gefällt es Ihnen bei uns?
Sehr gut. Die Leute sind nett.
Und die Landschaft gefällt mir auch.

Kako vam je všeč pri nas?
Zelo. Ljudje so prijazni.
In pokrajina mi je tudi všeč.

Was sind Sie von Beruf?
Ich bin Übersetzer.
Ich übersetze Bücher.

Kaj ste po poklicu?
Sem prevajalec.
Prevajam knjige.

Sind Sie allein hier?
Nein, meine Frau / mein Mann ist auch hier.
Und dort sind meine beiden Kinder.

Ste sami tukaj?
Ne, z mano je tudi žena / mož.
In tam sta oba moja otroka.

22 [zweiundzwanzig]

Small Talk 3

22 [dvaindvajset]

Kratek pogovor 3

Rauchen Sie?	Ali kadite?
Früher ja.	Nekoč sem.
Aber jetzt rauche ich nicht mehr.	Vendar zdaj ne kadim več.
Stört es Sie, wenn ich rauche?	Ali vas moti, če kadim?
Nein, absolut nicht.	Ne, nikakor ne. (Ne, absolutno ne.)
Das stört mich nicht.	To me ne moti.
Trinken Sie etwas?	Bi kaj popili?
Einen Cognac?	Bi konjak?
Nein, lieber ein Bier.	Ne, raje bi eno pivo.
Reisen Sie viel?	Ali veliko potujete?
Ja, meistens sind das Geschäftsreisen.	Da, večinoma so to poslovna potovanja.
Aber jetzt machen wir hier Urlaub.	Vendar zdaj tukaj preživljamo dopust.
Was für eine Hitze!	Kakšna vročina!
Ja, heute ist es wirklich heiß.	Ja, danes je res vroče.
Gehen wir auf den Balkon.	Pojdimo na balkon.
Morgen gibt es hier eine Party.	Jutri bo tu zabava.
Kommen Sie auch?	Boste prišli tudi vi?
Ja, wir sind auch eingeladen.	Da, tudi mi smo povabljeni.

23 [dreiundzwanzig]

Fremdsprachen lernen

23 [triindvajset]

Učenje tujih jezikov

Wo haben Sie Spanisch gelernt?
Können Sie auch Portugiesisch?
Ja, und ich kann auch etwas Italienisch.

Kje ste se naučili španščino?
Ali znate tudi portugalsko?
Da, in malo znam tudi italijansko.

Ich finde, Sie sprechen sehr gut.
Die Sprachen sind ziemlich ähnlich.
Ich kann sie gut verstehen.

Zdi se mi, da govorite zelo dobro.
Jeziki so si precej podobni.
Dobro jih lahko razumem.

Aber sprechen und schreiben ist schwer.
Ich mache noch viele Fehler.
Bitte korrigieren Sie mich immer.

Vendar pa je govoriti in pisati težko.
Še veliko napak delam.
Prosim, da me vsakič popravite.

Ihre Aussprache ist ganz gut.
Sie haben einen kleinen Akzent.
Man erkennt, woher Sie kommen.

Vaša izgovorjava je kar dobra.
Govorite z rahlim naglasom.
Človek lahko ugane, odkod prihajate.

Was ist Ihre Muttersprache?
Machen Sie einen Sprachkurs?
Welches Lehrwerk benutzen Sie?

Kateri je vaš materin jezik?
Ali hodite na kakšen jezikovni tečaj?
Kakšen učbenik uporabljate?

Ich weiß im Moment nicht, wie das heißt.
Mir fällt der Titel nicht ein.
Ich habe das vergessen.

V tem trenutku ne vem, kako se temu reče.
Ne spomnim se naslova.
Pozabil sem (to).

24 [vierundzwanzig]

24 [štiriindvajset]

Verabredung

Zmenek

Hast du den Bus verpasst?
Ich habe eine halbe Stunde auf dich gewartet.
Hast du kein Handy bei dir?

Ali si zamudil(a) avtobus?
Pol ure sem te čakal(a).
Nimaš pri sebi mobilnega telefona?

Sei das nächste Mal pünktlich!
Nimm das nächste Mal ein Taxi!
Nimm das nächste Mal einen Regenschirm mit!

Bodi naslednjič točen / točna!
Vzemi naslednjič taksi!
Vzemi naslednjič s sabo dežnik!

Morgen habe ich frei.
Wollen wir uns morgen treffen?
Tut mir Leid, morgen geht es bei mir nicht.

Jutri imam prosto.
Ali se dobiva jutri?
Žal mi je, ampak jutri ne morem.

Hast du dieses Wochenende schon etwas vor?
Oder bist du schon verabredet?
Ich schlage vor, wir treffen uns am Wochenende.

Ali imaš za ta vikend že kakšno obveznost?
Ali pa že imaš dogovorjen drug zmenek?
Predlagam, da se dobimo (dobiva) ta vikend.

Wollen wir Picknick machen?
Wollen wir an den Strand fahren?
Wollen wir in die Berge fahren?

Bi imeli (imela) piknik?
Bi šli (šla) na plažo?
Bi šli (šla) v hribe?

Ich hole dich vom Büro ab.
Ich hole dich von zu Hause ab.
Ich hole dich an der Bushaltestelle ab.

Prišel bom pote v pisarno.
Prišel bom pote na dom.
Prišel bom pote na avtobusno postajo.

25
[fünfundzwanzig]

In der Stadt

25 [petindvajset]

V mestu

Ich möchte zum Bahnhof.
Ich möchte zum Flughafen.
Ich möchte ins Stadtzentrum.

Rad bi šel / Rada bi šla na železniško postajo.
Rad bi šel / Rada bi šla na letališče.
Rad bi šel / Rada bi šla v center mesta.

Wie komme ich zum Bahnhof?
Wie komme ich zum Flughafen?
Wie komme ich ins Stadtzentrum?

Kako pridem na železniško postajo?
Kako pridem na letališče?
Kako pridem v center mesta.

Ich brauche ein Taxi.
Ich brauche einen Stadtplan.
Ich brauche ein Hotel.

Potrebujem taksi.
Potrebujem zemljevid mesta.
Potrebujem hotel.

Ich möchte ein Auto mieten.
Hier ist meine Kreditkarte.
Hier ist mein Führerschein.

Rad bi najel (najela) avto.
Tu je moja kreditna kartica.
Tu je moje vozniško dovoljenje.

Was gibt es in der Stadt zu sehen?
Gehen Sie in die Altstadt.
Machen Sie eine Stadtrundfahrt.

Kaj se da videti v mestu?
Pojdite v stari del mesta.
Pojdite na krožno vožnjo po mestu.

Gehen Sie zum Hafen.
Machen Sie eine Hafenrundfahrt.
Welche Sehenswürdigkeiten gibt es außerdem noch?

Pojdite v pristanišče.
Pojdite na krožno vožnjo po pristanišču.
Kaj je še vredno ogleda?

26
[sechsundzwanzig]

26 [šestindvajset]

In der Natur

V naravi

Siehst du dort den Turm?	Vidiš tam stolp?
Siehst du dort den Berg?	Vidiš tam goro?
Siehst du dort das Dorf?	Vidiš tam vas?
Siehst du dort den Fluss?	Vidiš tam reko?
Siehst du dort die Brücke?	Vidiš tam most?
Siehst du dort den See?	Vidiš tam jezero?
Der Vogel da gefällt mir.	Tisti ptič tam mi je všeč.
Der Baum da gefällt mir.	Drevo tam mi je všeč.
Der Stein hier gefällt mir.	Ta kamen tukaj mi je všeč.
Der Park da gefällt mir.	Ta park mi je všeč.
Der Garten da gefällt mir.	Ta vrt mi je všeč.
Die Blume hier gefällt mir.	Te rože tukaj so mi všeč.
Ich finde das hübsch.	To se mi zdi ljubko.
Ich finde das interessant.	To se mi zdi zanimivo.
Ich finde das wunderschön.	To se mi zdi čudovito.
Ich finde das hässlich.	To se mi zdi grdo.
Ich finde das langweilig.	To se mi zdi dolgočasno.
Ich finde das furchtbar.	To se mi zdi strašno.

27
[siebenundzwanzig
]

Im Hotel –
Ankunft

27
[sedemindvajset]

V hotelu –
prihod

Haben Sie ein Zimmer frei?
Ich habe ein Zimmer reserviert.
Mein Name ist Müller.

Imate prosto sobo?
Imam rezervirano eno sobo.
Moj priimek je Müller.

Ich brauche ein Einzelzimmer.
Ich brauche ein Doppelzimmer.
Wie viel kostet das Zimmer pro Nacht?

Potrebujem enoposteljno sobo.
Potrebujem dvoposteljno sobo.
Koliko stane ena nočitev v tej sobi?

Ich möchte ein Zimmer mit Bad.
Ich möchte ein Zimmer mit Dusche.
Kann ich das Zimmer sehen?

Rad(a) bi sobo s kopalnico.
Rad(a) bi sobo s prho.
Ali lahko vidim to sobo?

Gibt es hier eine Garage?
Gibt es hier einen Safe?
Gibt es hier ein Fax?

Je tu kakšna garaža?
Je tu kakšen sef?
Je tu kakšen faks?

Gut, ich nehme das Zimmer.
Hier sind die Schlüssel.
Hier ist mein Gepäck.

Dobro, vzamem to sobo.
Tukaj so ključi.
Tukaj je moja prtljaga.

Um wie viel Uhr gibt es Frühstück?
Um wie viel Uhr gibt es Mittagessen?
Um wie viel Uhr gibt es Abendessen?

Ob kateri uri je zajtrk?
Ob kateri uri je kosilo?
Ob kateri uri je večerja?

28
[achtundzwanzig]

28 [osemindvajset]

Im Hotel – Beschwerden

V hotelu – pritožbe

Die Dusche funktioniert nicht.	Prha ne deluje.
Es kommt kein warmes Wasser.	Ne teče topla voda.
Können Sie das reparieren lassen?	Ali bi se dalo to popraviti?
Es gibt kein Telefon im Zimmer.	V sobi ni telefona.
Es gibt keinen Fernseher im Zimmer.	V sobi ni televizorja.
Das Zimmer hat keinen Balkon.	Soba nima balkona.
Das Zimmer ist zu laut.	Soba je prehrupna.
Das Zimmer ist zu klein.	Soba je premajhna.
Das Zimmer ist zu dunkel.	Soba je pretemna.
Die Heizung funktioniert nicht.	Gretje ne deluje.
Die Klimaanlage funktioniert nicht.	Klimatska naprava ne deluje.
Der Fernseher ist kaputt.	Televizor je pokvarjen.
Das gefällt mir nicht.	To mi ni všeč.
Das ist mir zu teuer.	To je zame predrago.
Haben Sie etwas Billigeres?	Imate kaj cenejšega?
Gibt es hier in der Nähe eine Jugendherberge?	Je tu v bližini kakšen hostel?
Gibt es hier in der Nähe eine Pension?	Je tu v bližini kakšen penzion?
Gibt es hier in der Nähe ein Restaurant?	Je tu v bližini kakšna restavracija?

29
[neunundzwanzig]

Im Restaurant 1

29 [devetindvajset]

V restavraciji 1

Ist der Tisch frei?
Ich möchte bitte die Speisekarte.
Was können Sie empfehlen?

Je ta miza prosta?
Lahko, prosim, dobim jedilni list?
Kaj lahko priporočite?

Ich hätte gern ein Bier.
Ich hätte gern ein Mineralwasser.
Ich hätte gern einen Orangensaft.

Rad (a) bi pivo.
Rad (a) bi mineralno vodo.
Rad (a) bi pomarančni sok.

Ich hätte gern einen Kaffee.
Ich hätte gern einen Kaffee mit Milch.
Mit Zucker, bitte.

Rad (a) bi kavo.
Rad (a) bi kavo z mlekom.
S sladkorjem prosim.

Ich möchte einen Tee.
Ich möchte einen Tee mit Zitrone.
Ich möchte einen Tee mit Milch.

Rad bi čaj.
Rad bi čaj z limono.
Rad bi čaj z mlekom.

Haben Sie Zigaretten?
Haben Sie einen Aschenbecher?
Haben Sie Feuer?

Imate cigarete?
Lahko dobim pepelnik?
Imate ogenj?

Mir fehlt eine Gabel.
Mir fehlt ein Messer.
Mir fehlt ein Löffel.

Manjkajo mi vilice.
Manjka mi nož.
Manjka mi žlica.

30 [dreißig] | 30 [trideset]

Im Restaurant 2 | V restavraciji 2

Einen Apfelsaft, bitte. | Jabolčni sok, prosim.
Eine Limonade, bitte. | Limonado, prosim.
Einen Tomatensaft, bitte. | Paradižnikov sok, prosim.

Ich hätte gern ein Glas Rotwein. | Rad(a) bi kozarec rdečega vina.
Ich hätte gern ein Glas Weißwein. | Rad(a) bi kozarec belega vina.
Ich hätte gern eine Flasche Sekt. | Rad(a) bi steklenico penine.

Magst du Fisch? | Bi rad(a) ribo?
Magst du Rindfleisch? | Bi rad(a) govedino?
Magst du Schweinefleisch? | Bi rad(a) svinjino?

Ich möchte etwas ohne Fleisch. | Rad(a) bi nekaj brezmesnega.
Ich möchte eine Gemüseplatte. | Rad(a) bi zelenjavno ploščo.
Ich möchte etwas, was nicht lange dauert. | Rad(a) bi nekaj, na kar ne bo treba dolgo čakati.

Möchten Sie das mit Reis? | Bi radi k temu riž?
Möchten Sie das mit Nudeln? | Bi radi to z rezanci?
Möchten Sie das mit Kartoffeln? | Bi radi k temu krompir?

Das schmeckt mir nicht. | To mi ne tekne. (To mi ni okusno.)
Das Essen ist kalt. | Ta jed je hladna.
Das habe ich nicht bestellt. | Tega nisem naročil(a).

31 [einunddreißig]

31 [enaintrideset]

Im Restaurant 3

V restavraciji 3

Ich möchte eine Vorspeise.	Rad(a) bi kakšno predjed.
Ich möchte einen Salat.	Rad(a) bi kakšno solato.
Ich möchte eine Suppe.	Rad(a) bi kakšno juho.
Ich möchte einen Nachtisch.	Rad(a) bi kakšen desert (sladico, poobedek).
Ich möchte ein Eis mit Sahne.	Rad(a) bi sladoled s smetano.
Ich möchte Obst oder Käse.	Rad(a) bi sadje ali sir.
Wir möchten frühstücken.	Radi bi zajtrkovali. (Rade bi zajtrkovale.)
Wir möchten zu Mittag essen.	Radi bi kosili. (Rade bi kosile.)
Wir möchten zu Abend essen.	Radi bi večerjali. (Rade bi večerjale.)
Was möchten Sie zum Frühstück?	Kaj želite za zajtrk?
Brötchen mit Marmelade und Honig?	Žemlje z marmelado in medom?
Toast mit Wurst und Käse?	Toast s klobaso in sirom?
Ein gekochtes Ei?	Kuhano jajce?
Ein Spiegelei?	Jajce na oko?
Ein Omelett?	Palačinko? (Omleto?)
Bitte noch einen Joghurt.	Prosim še en jogurt.
Bitte noch Salz und Pfeffer.	Prosim še sol in poper.
Bitte noch ein Glas Wasser.	Prosim še en kozarec vode.

32 [zweiunddreißig]

Im Restaurant 4

32 [dvaintrideset]

V restavraciji 4

Einmal Pommes frites mit Ketchup.	Enkrat pomfri s kečapom.
Und zweimal mit Mayonnaise.	In dvakrat z majonezo.
Und dreimal Bratwurst mit Senf.	In trikrat pečenico z gorčico.
Was für Gemüse haben Sie?	Kakšno zelenjavo imate?
Haben Sie Bohnen?	Imate fižol?
Haben Sie Blumenkohl?	Imate cvetačo?
Ich esse gern Mais.	Rad jem koruzo.
Ich esse gern Gurken.	Rad jem kumare.
Ich esse gern Tomaten.	Rad jem paradižnik.
Essen Sie auch gern Lauch?	Ali radi jeste tudi por?
Essen Sie auch gern Sauerkraut?	Ali radi jeste tudi kislo zelje?
Essen Sie auch gern Linsen?	Ali radi jeste tudi lečo?
Isst du auch gern Karotten?	Ali rad(a) ješ tudi korenje?
Isst du auch gern Brokkoli?	Ali rad(a) ješ tudi brokoli?
Isst du auch gern Paprika?	Ali rad(a) ješ tudi papriko?
Ich mag keine Zwiebeln.	Ne maram čebule.
Ich mag keine Oliven.	Ne maram oliv.
Ich mag keine Pilze.	Ne maram gob.

33 [dreiunddreißig]

Im Bahnhof

33 [triintrideset]

Na železniški postaji

Wann fährt der nächste Zug nach Berlin?
Wann fährt der nächste Zug nach Paris?
Wann fährt der nächste Zug nach London?

Kdaj gre naslednji vlak v Berlin?
Kdaj gre naslednji vlak v Pariz?
Kdaj gre naslednji vlak v London?

Um wie viel Uhr fährt der Zug nach Warschau?
Um wie viel Uhr fährt der Zug nach Stockholm?
Um wie viel Uhr fährt der Zug nach Budapest?

Ob kateri uri gre vlak v Varšavo?
Ob kateri uri gre vlak v Stockholm?
Ob kateri uri gre vlak v Budimpešto?

Ich möchte eine Fahrkarte nach Madrid.
Ich möchte eine Fahrkarte nach Prag.
Ich möchte eine Fahrkarte nach Bern.

Rad(a) bi vozovnico do Madrida.
Rad(a) bi vozovnico do Prage.
Rad(a) bi vozovnico do Berna.

Wann kommt der Zug in Wien an?
Wann kommt der Zug in Moskau an?
Wann kommt der Zug in Amsterdam an?

Kdaj prispe vlak na Dunaj?
Kdaj prispe vlak v Moskvo?
Kdaj prispe vlak v Amsterdam?

Muss ich umsteigen?
Von welchem Gleis fährt der Zug ab?
Gibt es Schlafwagen im Zug?

Ali moram prestopiti?
S katerega tira odpelje vlak?
Ali je v tem vlaku spalnik?

Ich möchte nur die Hinfahrt nach Brüssel.
Ich möchte eine Rückfahrkarte nach Kopenhagen.
Was kostet ein Platz im Schlafwagen?

Rad bi samo enosmerno vozovnico do Bruselja.
Rad bi povratno vozovnico do Kopenhagena.
Koliko stane eno mesto v spalniku?

34 [vierunddreißig]

34 [štiriintrideset]

Im Zug

Na vlaku

Ist das der Zug nach Berlin? | Je to vlak do Berlina?
Wann fährt der Zug ab? | Kdaj odpelje vlak?
Wann kommt der Zug in Berlin an? | Kdaj pripelje vlak v Berlin?

Verzeihung, darf ich vorbei? | Oprostite, smem mimo?
Ich glaube, das ist mein Platz. | Mislim, da je to moje mesto.
Ich glaube, Sie sitzen auf meinem Platz. | Mislim, da sedite na mojem mestu.

Wo ist der Schlafwagen? | Kje je spalnik?
Der Schlafwagen ist am Ende des Zuges. | Spalnik je na koncu vlaka.
Und wo ist der Speisewagen? – Am Anfang. | Kje pa je jedilni voz? – Na začetku.

Kann ich unten schlafen? | Ali lahko spim spodaj?
Kann ich in der Mitte schlafen? | Ali lahko spim v sredini?
Kann ich oben schlafen? | Ali lahko spim zgoraj?

Wann sind wir an der Grenze? | Kdaj bomo na meji?
Wie lange dauert die Fahrt nach Berlin? | Kako dolgo traja vožnja do Berlina?
Hat der Zug Verspätung? | Ima vlak zamudo?

Haben Sie etwas zu lesen? | Imate kaj za brati?
Kann man hier etwas zu essen und zu trinken bekommen? | Se lahko tukaj dobi kaj za jesti in piti?
Würden Sie mich bitte um 7.00 Uhr wecken? | Me boste, prosim, zbudili ob sedmih?

35 [fünfunddreißig]

35 [petintrideset]

Am Flughafen

Na letališču

Ich möchte einen Flug nach Athen buchen.	Rad(a) bi rezerviral(a) let v Atene.
Ist das ein Direktflug?	Ali je to neposreden let?
Bitte einen Fensterplatz, Nichtraucher.	Prosim sedež pri oknu, v oddelku za nekadilce.
Ich möchte meine Reservierung bestätigen.	Rad(a) bi potrdil(a) svojo rezervacijo.
Ich möchte meine Reservierung stornieren.	Rad(a) bi preklical(a) svojo rezervacijo.
Ich möchte meine Reservierung umbuchen.	Rad(a) bi spremenil(a) svojo rezervacijo.
Wann geht die nächste Maschine nach Rom?	Kdaj odleti naslednje letalo v Rim?
Sind noch zwei Plätze frei?	Sta še prosta dva mesta?
Nein, wir haben nur noch einen Platz frei.	Ne, imamo le še eno prosto mesto.
Wann landen wir?	Kdaj pristanemo?
Wann sind wir da?	Kdaj bomo tam?
Wann fährt ein Bus ins Stadtzentrum?	Kdaj pelje kakšen avtobus v center mesta?
Ist das Ihr Koffer?	Je to vaš kovček?
Ist das Ihre Tasche?	Je to vaša torba?
Ist das Ihr Gepäck?	Je to vaša prtljaga?
Wie viel Gepäck kann ich mitnehmen?	Koliko prtljage lahko vzamem s sabo?
Zwanzig Kilo.	Dvajset kilogramov.
Was, nur zwanzig Kilo?	Kaj, samo dvajset kilogramov?

36
[sechsunddreißig]

Öffentlicher Nahverkehr

36 [šestintrideset]

Javni primestni (lokalni) promet

Wo ist die Bushaltestelle?	Kje je avtobusna postaja?
Welcher Bus fährt ins Zentrum?	Kateri avtobus pelje v center?
Welche Linie muss ich nehmen?	S katerim avtobusom se moram peljati?
Muss ich umsteigen?	Ali moram prestopiti?
Wo muss ich umsteigen?	Kje moram prestopiti?
Was kostet ein Fahrschein?	Koliko stane vozovnica?
Wie viele Haltestellen sind es bis zum Zentrum?	Koliko postaj je odtod do centra?
Sie müssen hier aussteigen.	Tukaj morate izstopiti.
Sie müssen hinten aussteigen.	Izstopite lahko samo zadaj.
Die nächste U-Bahn kommt in 5 Minuten.	Naslednji vlak (podzemske železnice) prispe čez 5 minut.
Die nächste Straßenbahn kommt in 10 Minuten.	Naslednji tramvaj prispe čez 10 minut.
Der nächste Bus kommt in 15 Minuten.	Naslednji avtobus prispe čez 15 minut.
Wann fährt die letzte U-Bahn?	Kdaj pelje zadnji vlak (podzemske železnice)?
Wann fährt die letzte Straßenbahn?	Kdaj pelje zadnji tramvaj?
Wann fährt der letzte Bus?	Kdaj pelje zadnji avtobus?
Haben Sie einen Fahrschein?	Imate vozovnico?
Einen Fahrschein? – Nein, ich habe keinen.	Vozovnico? – Ne, nimam je.
Dann müssen Sie eine Strafe zahlen.	V tem primeru morate plačati kazen.

37
[siebenunddreißig]

Unterwegs

37
[sedemintrideset]

Na poti

Er fährt mit dem Motorrad. Er fährt mit dem Fahrrad. Er geht zu Fuß.	On se pelje z motornim kolesom (z motorjem). On se pelje s kolesom. On gre peš.
Er fährt mit dem Schiff. Er fährt mit dem Boot. Er schwimmt.	On se pelje z ladjo. On se pelje s čolnom. On plava.
Ist es hier gefährlich? Ist es gefährlich, allein zu trampen? Ist es gefährlich, nachts spazieren zu gehen?	Ali je tukaj nevarno? Ali je tukaj nevarno, če sam potuješ z avtoštopom? Ali se je nevarno sprehajati ponoči?
Wir haben uns verfahren. Wir sind auf dem falschen Weg. Wir müssen umkehren.	Zašli smo. Na napačni poti smo. Moramo se vrniti.
Wo kann man hier parken? Gibt es hier einen Parkplatz? Wie lange kann man hier parken?	Kje se tukaj lahko parkira? Je tukaj kakšno parkirišče? Kako dolgo se sme tukaj parkirati?
Fahren Sie Ski? Fahren Sie mit dem Skilift nach oben? Kann man hier Ski leihen?	Ali smučate? Se boste peljali gor s smučarsko žičnico (sedežnico, vlečnico)? Si je možno tukaj izposoditi smuči?

38
[achtunddreißig]

Im Taxi

38
[osemintrideset]

Taksi

Rufen Sie bitte ein Taxi.
Was kostet es bis zum Bahnhof?
Was kostet es bis zum Flughafen?

Prosim, pokličite taksi.
Koliko stane prevoz do železniške postaje?
Koliko stane prevoz do letališča?

Bitte geradeaus.
Bitte hier nach rechts.
Bitte dort an der Ecke nach links.

Prosim naravnost.
Prosim tukaj na desno.
Prosim tam na vogalu na levo.

Ich habe es eilig.
Ich habe Zeit.
Fahren Sie bitte langsamer.

Mudi se mi.
Imam čas.
Prosim, peljite počasneje.

Halten Sie hier bitte.
Warten Sie bitte einen Moment.
Ich bin gleich zurück.

Tukaj se, prosim, ustavite.
Počakajte, prosim, trenutek.
Takoj bom nazaj.

Bitte geben Sie mir eine Quittung.
Ich habe kein Kleingeld.
Es stimmt so, der Rest ist für Sie.

Dajte mi, prosim, potrdilo o plačilu.
Nimam drobiža.
V redu, ostanek je za vas.

Fahren Sie mich zu dieser Adresse.
Fahren Sie mich zu meinem Hotel.
Fahren Sie mich zum Strand.

Peljite me na ta naslov.
Peljite me do mojega hotela.
Peljite me na obalo.

39
[neununddreißig]

Autopanne

39
[devetintrideset]

Avtomobilska okvara, nesreča

Wo ist die nächste Tankstelle?	Kje je najbližja bencinska postaja?
Ich habe einen Platten.	Imam prazno gumo.
Können Sie das Rad wechseln?	Lahko zamenjate to kolo?
Ich brauche ein paar Liter Diesel.	Potrebujem par litrov dizelskega goriva.
Ich habe kein Benzin mehr.	Zmanjkalo mi je bencina.
Haben Sie einen Reservekanister?	Ali imate posodo za rezervno gorivo?
Wo kann ich telefonieren?	Kje lahko telefoniram?
Ich brauche einen Abschleppdienst.	Potrebujem vlečno službo.
Ich suche eine Werkstatt.	Iščem avtomehanično delavnico.
Es ist ein Unfall passiert.	Zgodila se je nesreča.
Wo ist das nächste Telefon?	Kje je najbližji telefon?
Haben Sie ein Handy bei sich?	Imate pri sebi mobilni telefon?
Wir brauchen Hilfe.	Potrebujemo pomoč.
Rufen Sie einen Arzt!	Pokličite zdravnika!
Rufen Sie die Polizei!	Pokličite policijo!
Ihre Papiere, bitte.	Dokumente, prosim.
Ihren Führerschein, bitte.	Vozniško dovoljenje, prosim.
Ihren Kfz-Schein, bitte.	Prometno dovoljenje, prosim.

40 [vierzig]

40 [štirideset]

Nach dem Weg fragen

Vprašati za pot

Entschuldigen Sie! Können Sie mir helfen? Wo gibt es hier ein gutes Restaurant?	Oprostite! Ali mi lahko pomagate? Kje je tukaj kakšna dobra restavracija?
Gehen Sie links um die Ecke. Gehen Sie dann ein Stück geradeaus. Gehen Sie dann hundert Meter nach rechts.	Tam na vogalu pojdite na levo. Potem pojdite malo naravnost. Potem pojdite sto metrov na desno.
Sie können auch den Bus nehmen. Sie können auch die Straßenbahn nehmen. Sie können auch einfach hinter mir herfahren.	Lahko greste tudi z avtobusom. Lahko greste tudi s tramvajem. Lahko se tudi enostavno peljete za mano.
Wie komme ich zum Fußballstadion? Überqueren Sie die Brücke! Fahren Sie durch den Tunnel!	Kako pridem do nogometnega stadiona? Prečkajte most! Peljite skozi tunel!
Fahren Sie bis zur dritten Ampel. Biegen Sie dann die erste Straße rechts ab. Fahren Sie dann geradeaus über die nächste Kreuzung.	Peljite se do tretjega semaforja. Potem zavijte v prvo ulico na desni. Zatem peljite naravnost čez naslednje križišče.
Entschuldigung, wie komme ich zum Flughafen? Am besten nehmen Sie die U-Bahn. Fahren Sie einfach bis zur Endstation.	Oprostite, kako pridem na letališče? Najbolje je, da greste s podzemsko železnico (z metrojem). Peljite se enostavno do končne postaje.

41 [einundvierzig]

Orientierung

41 [enainštirideset]

Orientacija

Wo ist das Fremdenverkehrsamt?
Haben Sie einen Stadtplan für mich?
Kann man hier ein Hotelzimmer reservieren?

Kje je turistični urad?
Ali imate zame kakšen zemljevid mesta?
Ali je možno tukaj rezervirati hotelsko sobo?

Wo ist die Altstadt?
Wo ist der Dom?
Wo ist das Museum?

Kje je stari del mesta?
Kje je stolnica?
Kje je muzej?

Wo gibt es Briefmarken zu kaufen?
Wo gibt es Blumen zu kaufen?
Wo gibt es Fahrkarten zu kaufen?

Kje se lahko kupi znamke?
Kje se lahko kupi cvetlice?
Kje se lahko kupi vozovnice?

Wo ist der Hafen?
Wo ist der Markt?
Wo ist das Schloss?

Kje je pristanišče?
Kje je tržnica?
Kje je grad?

Wann beginnt die Führung?
Wann endet die Führung?
Wie lange dauert die Führung?

Kdaj se začne ogled mesta z vodnikom?
Kdaj se konča ogled mesta z vodnikom?
Kako dolgo traja ogled mesta z vodnikom?

Ich möchte einen Führer, der Deutsch spricht.
Ich möchte einen Führer, der Italienisch spricht.
Ich möchte einen Führer, der Französisch spricht.

Rad(a) bi nemško govorečega vodnika.
Rad(a) bi italijansko govorečega vodnika.
Rad(a) bi francosko govorečega vodnika.

42 [zweiundvierzig]

Stadtbesichtigung

42 [dvainštirideset]

Ogled mesta

Ist der Markt sonntags geöffnet? — Je tržnica ob nedeljah odprta?
Ist die Messe montags geöffnet? — Je sejem ob ponedeljkih odprt?
Ist die Ausstellung dienstags geöffnet? — Je razstava ob torkih odprta?

Hat der Zoo mittwochs geöffnet? — Je živalski vrt ob sredah odprt?
Hat das Museum donnerstags geöffnet? — Je muzej ob četrtkih odprt?
Hat die Galerie freitags geöffnet? — Je galerija ob petkih odprta?

Darf man fotografieren? — Se sme fotografirati?
Muss man Eintritt bezahlen? — Je treba plačati vstopnino?
Wie viel kostet der Eintritt? — Koliko stane vstopnica?

Gibt es eine Ermäßigung für Gruppen? — Obstaja popust za skupine?
Gibt es eine Ermäßigung für Kinder? — Obstaja popust za otroke?
Gibt es eine Ermäßigung für Studenten? — Obstaja popust za študente?

Was für ein Gebäude ist das? — Kakšna zgradba je to?
Wie alt ist das Gebäude? — Kako stara je ta zgradba?
Wer hat das Gebäude gebaut? — Kdo je zgradil to zgradbo?

Ich interessiere mich für Architektur. — Zanima me arhitektura. (Zanimam se za arhitekturo.)
Ich interessiere mich für Kunst. — Zanima me umetnost. (Zanimam se za umetnost.)
Ich interessiere mich für Malerei. — Zanima me slikarstvo. (Zanimam se za slikarstvo.)

43 [dreiundvierzig]

43 [triinštirideset]

Im Zoo

V živalskem vrtu

Dort ist der Zoo.	Tam je živalski vrt.
Dort sind die Giraffen.	Tam so žirafe.
Wo sind die Bären?	Kje so medvedi?
Wo sind die Elefanten?	Kje so sloni?
Wo sind die Schlangen?	Kje so kače?
Wo sind die Löwen?	Kje so levi?
Ich habe einen Fotoapparat.	Imam fotoaparat.
Ich habe auch eine Filmkamera.	Imam tudi filmsko kamero.
Wo ist eine Batterie?	Kje je baterija?
Wo sind die Pinguine?	Kje so pingvini?
Wo sind die Kängurus?	Kje so kenguruji?
Wo sind die Nashörner?	Kje so nosorogi?
Wo ist eine Toilette?	Kje je stranišče?
Dort ist ein Café.	Tam je (ena) kavarna.
Dort ist ein Restaurant.	Tam je (ena) restavracija.
Wo sind die Kamele?	Kje so kamele?
Wo sind die Gorillas und die Zebras?	Kje so gorile in zebre?
Wo sind die Tiger und die Krokodile?	Kje so tigri in krokodili?

44 [vierundvierzig]

Abends ausgehen

44 [štiriinštirideset]

Iti zvečer ven

Gibt es hier eine Diskothek?	Je tu kakšna diskoteka?
Gibt es hier einen Nachtclub?	Je tu kakšen nočni klub?
Gibt es hier eine Kneipe?	Je tu kakšna gostilna?
Was gibt es heute Abend im Theater?	Kaj danes zvečer (nocoj) predvajajo v gledališču?
Was gibt es heute Abend im Kino?	Kaj je danes zvečer (nocoj) na sporedu v kinu?
Was gibt es heute Abend im Fernsehen?	Kaj je danes zvečer (nocoj) na televiziji?
Gibt es noch Karten fürs Theater?	Ali se še dobi vstopnice za gledališče?
Gibt es noch Karten fürs Kino?	Ali se še dobi vstopnice za kino?
Gibt es noch Karten für das Fußballspiel?	Ali se še dobi vstopnice za nogometno tekmo?
Ich möchte ganz hinten sitzen.	Rad(a) bi sedel(a) čisto zadaj.
Ich möchte irgendwo in der Mitte sitzen.	Rad(a) bi sedel(a) nekje v sredini.
Ich möchte ganz vorn sitzen.	Rad(a) bi sedel(a) čisto spredaj.
Können Sie mir etwas empfehlen?	Mi lahko kaj priporočite?
Wann beginnt die Vorstellung?	Kdaj se začne predstava?
Können Sie mir eine Karte besorgen?	Mi lahko priskrbite eno vstopnico?
Ist hier in der Nähe ein Golfplatz?	Je tu v bližini kakšno igrišče za golf?
Ist hier in der Nähe ein Tennisplatz?	Je tu v bližini kakšno teniško igrišče?
Ist hier in der Nähe ein Hallenbad?	Je tu v bližini kakšen pokriti bazen?

45 [fünfundvierzig]

Im Kino

45 [petinštirideset]

V kinu

Wir wollen ins Kino.
Heute läuft ein guter Film.
Der Film ist ganz neu.

Radi (Rade) bi šli (šle) v kino.
Danes je na sporedu en dober film.
To je čisto nov film.

Wo ist die Kasse?
Gibt es noch freie Plätze?
Was kosten die Eintrittskarten?

Kje je blagajna?
Ali so še prosta mesta?
Koliko stanejo vstopnice?

Wann beginnt die Vorstellung?
Wie lange dauert der Film?
Kann man Karten reservieren?

Kdaj se začne predstava?
Kako dolgo traja film?
Ali se lahko rezervira vstopnice?

Ich möchte hinten sitzen.
Ich möchte vorn sitzen.
Ich möchte in der Mitte sitzen.

Rad(a) bi sedel(a) zadaj.
Rad(a) bi sedel(a) spredaj.
Rad(a) bi sedel(a) v sredini.

Der Film war spannend.
Der Film war nicht langweilig.
Aber das Buch zum Film war besser.

Film je bil napet.
Film ni bil dolgočasen.
Vendar je bila knjiga, po kateri je bil posnet film, boljša.

Wie war die Musik?
Wie waren die Schauspieler?
Gab es Untertitel in englischer Sprache?

Kakšna je bila glasba?
Kakšni so bili igralci?
So bili podnaslovi v angleščini?

46
[sechsundvierzig]

In der Diskothek

46
[šestinštirideset]

V diskoteki

Ist der Platz hier frei?
Darf ich mich zu Ihnen setzen?
Gern.

Je to mesto prosto?
Lahko prisedem?
Lahko.

Wie finden Sie die Musik?
Ein bisschen zu laut.
Aber die Band spielt ganz gut.

Kakšna se vam zdi glasba?
Malo preglasna je.
Vendar igra bend čisto v redu.

Sind Sie öfter hier?
Nein, das ist das erste Mal.
Ich war noch nie hier.

Ali ste pogosto tukaj?
Ne, prvič sem tukaj.
Še nikoli nisem bil(a) tu.

Tanzen Sie?
Später vielleicht.
Ich kann nicht so gut tanzen.

Ali plešete?
Morda pozneje.
Ne znam ravno dobro plesati.

Das ist ganz einfach.
Ich zeige es Ihnen.
Nein, lieber ein anderes Mal.

To je čisto enostavno.
Pokažem vam.
Ne, rajši kdaj drugič.

Warten Sie auf jemand?
Ja, auf meinen Freund.
Da hinten kommt er ja!

Ali na koga čakate?
Da, na prijatelja (na fanta).
Evo ga, tam prihaja!

47
[siebenundvierzig]

Reisevorbereitu
ngen

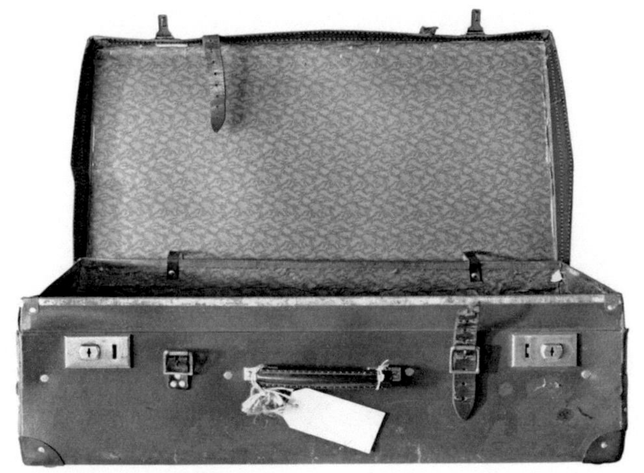

47
[sedeminštirideset]

Priprave za
potovanje

Du musst unseren Koffer packen!
Du darfst nichts vergessen!
Du brauchst einen großen Koffer!

Spakiraj najin kovček!
Da ne boš česa pozabil!
Potrebuješ velik kovček!

Vergiss nicht den Reisepass!
Vergiss nicht das Flugticket!
Vergiss nicht die Reiseschecks!

Ne pozabi vzeti potni list!
Ne pozabi vzeti letalsko vozovnico!
Ne pozabi vzeti potovalne čeke!

Nimm Sonnencreme mit.
Nimm die Sonnenbrille mit.
Nimm den Sonnenhut mit.

Vzemi s sabo kremo za sončenje.
Vzemi s sabo sončna očala.
Vzemi s sabo slamnik.

Willst du eine Straßenkarte mitnehmen?
Willst du einen Reiseführer mitnehmen?
Willst du einen Regenschirm mitnehmen?

Hočeš s seboj vzeti avtomobilsko karto?
Hočeš s seboj vzeti turistični vodnik?
Hočeš s seboj vzeti dežnik?

Denk an die Hosen, die Hemden, die Socken.
Denk an die Krawatten, die Gürtel, die Sakkos.
Denk an die Schlafanzüge, die Nachthemden und die T-Shirts.

Ne pozabi na hlače, srajce, nogavice.
Ne pozabi na kravate, pasove, sakoje.
Ne pozabi na pižame, spalne srajce in majice.

Du brauchst Schuhe, Sandalen und Stiefel.
Du brauchst Taschentücher, Seife und eine Nagelschere.
Du brauchst einen Kamm, eine Zahnbürste und Zahnpasta.

Rabil boš čevlje, sandale in škornje.
Rabil boš robce, milo in škarjice za nohte.
Rabil boš glavnik, zobno ščetko in zobno pasto.

48 [achtundvierzig]

Urlaubsaktivität
en

48
[oseminštirideset]

Aktivnosti na
dopustu (na
počitnicah)

Ist der Strand sauber?	Je plaža čista?
Kann man dort baden?	Je tam možno se kopati?
Ist es nicht gefährlich, dort zu baden?	Se ni nevarno tam kopati?
Kann man hier einen Sonnenschirm leihen?	Si je možno tukaj izposoditi sončnik?
Kann man hier einen Liegestuhl leihen?	Si je možno tukaj izposoditi ležalnik?
Kann man hier ein Boot leihen?	Si je možno tukaj izposoditi čoln?
Ich würde gern surfen.	Rad(a) bi surfal(a) (jadral(a) na deski).
Ich würde gern tauchen.	Rad(a) bi se potapljal(a).
Ich würde gern Wasserski fahren.	Rad(a) bi smučal(a) na vodi.
Kann man ein Surfbrett mieten?	Je možen najem jadralne deske?
Kann man eine Taucherausrüstung mieten?	Je možen najem potapljaške opreme?
Kann man Wasserskier mieten?	Je možen najem vodnih smuči?
Ich bin erst Anfänger.	Sem šele začetnik (začetnica).
Ich bin mittelgut.	Sem srednje dober / dobra.
Ich kenne mich damit schon aus.	Že kar dobro mi gre to.
Wo ist der Skilift?	Kje je smučarska žičnica (sedežnica, vlečnica)?
Hast du denn Skier dabei?	Pa imaš s sabo smuči?
Hast du denn Skischuhe dabei?	Pa imaš s sabo smučarske čevlje?

49
[neunundvierzig]

Sport

49
[devetinštirideset]

Šport

Treibst du Sport?
Ja, ich muss mich bewegen.
Ich gehe in einen Sportverein.

Se ukvarjaš s športom?
Ja, moram se gibati.
Hodim v športno društvo.

Wir spielen Fußball.
Manchmal schwimmen wir.
Oder wir fahren Rad.

Igramo nogomet.
Včasih plavamo.
Ali pa se vozimo s kolesi.

In unserer Stadt gibt es ein Fußballstadion.
Es gibt auch ein Schwimmbad mit Sauna.
Und es gibt einen Golfplatz.

V našem mestu imamo nogometni stadion.
Imamo tudi plavalni bazen s savno.
In imamo igrišče za golf.

Was gibt es im Fernsehen?
Gerade gibt es ein Fußballspiel.
Die deutsche Mannschaft spielt gegen die englische.

Kaj je na televiziji?
Pravkar je nogometna tekma.
Nemška reprezentanca igra proti angleški.

Wer gewinnt?
Ich habe keine Ahnung.
Im Moment steht es unentschieden.

Kdo bo zmagal?
Nimam pojma.
Trenutno je neodločeno.

Der Schiedsrichter kommt aus Belgien.
Jetzt gibt es einen Elfmeter.
Tor! Eins zu null!

Sodnik prihaja iz Belgije.
Zdaj imamo enajstmetrovko.
Gol! Ena proti nič!

50 [fünfzig]

50 [petdeset]

Im Schwimmbad

Na kopališču

Heute ist es heiß.
Gehen wir ins Schwimmbad?
Hast du Lust, schwimmen zu gehen?

Danes je vroče.
Gremo (greva) na kopališče?
Si želiš iti plavati?

Hast du ein Handtuch?
Hast du eine Badehose?
Hast du einen Badeanzug?

Imaš brisačo?
Imaš kopalke?
Imaš kopalno obleko?

Kannst du schwimmen?
Kannst du tauchen?
Kannst du ins Wasser springen?

Znaš plavati?
Se znaš potapljati?
Znaš skakati v vodo?

Wo ist die Dusche?
Wo ist die Umkleidekabine?
Wo ist die Schwimmbrille?

Kje je prha?
Kje je kabina za preoblačenje?
Kje so plavalna očala?

Ist das Wasser tief?
Ist das Wasser sauber?
Ist das Wasser warm?

Je voda globoka?
Je voda čista?
Je voda topla?

Ich friere.
Das Wasser ist zu kalt.
Ich gehe jetzt aus dem Wasser.

Zebe me.
Voda je premrzla.
Jaz grem zdaj ven iz vode.

51 [einundfünfzig] | 51 [enainpetdeset]

Besorgungen machen | Nakupovati

Ich will in die Bibliothek.	Hočem v knjižnico.
Ich will in die Buchhandlung.	Hočem v knjigarno.
Ich will zum Kiosk.	Hočem nekaj kupiti v kiosku.
Ich will ein Buch leihen.	Rad(a) bi si izposodil(a) eno knigo.
Ich will ein Buch kaufen.	Rad(a) bi kupil(a) eno knjigo.
Ich will eine Zeitung kaufen.	Rad(a) bi kupil(a) en časopis.
Ich will in die Bibliothek, um ein Buch zu leihen.	Rad(a) si bi šel(šla) v knjižnico izposodit eno knjigo.
Ich will in die Buchhandlung, um ein Buch zu kaufen.	Rad(a) bi šel(šla) v knjigarno kupit eno knjigo.
Ich will zum Kiosk, um eine Zeitung zu kaufen.	Hočem v kiosku kupit en časopis.
Ich will zum Optiker.	Hočem k optiku.
Ich will zum Supermarkt.	Hočem v samopostrežnico.
Ich will zum Bäcker.	Hočem v pekarijo.
Ich will eine Brille kaufen.	Hočem kupiti očala.
Ich will Obst und Gemüse kaufen.	Hočem kupiti sadje in zelenjavo.
Ich will Brötchen und Brot kaufen.	Hočem kupiti žemlje in kruh.
Ich will zum Optiker, um eine Brille zu kaufen.	Hočem k optiku, da kupim ena očala.
Ich will zum Supermarkt, um Obst und Gemüse zu kaufen.	Hočem v samopostrežnico po sadje in zelenjavo.
Ich will zum Bäcker, um Brötchen und Brot zu kaufen.	Hočem v pekarno po žemlje in kruh.

52
[zweiundfünfzig]

Im Kaufhaus

52 [dvainpetdeset]

V veleblagovnici

Gehen wir in ein Kaufhaus?
Ich muss Einkäufe machen.
Ich will viel einkaufen.

Gremo v veleblagovnico?
Moram po nakupih.
Rad(a) bi kupil(a) precej stvari.

Wo sind die Büroartikel?
Ich brauche Briefumschläge und Briefpapier.
Ich brauche Kulis und Filzstifte.

Kje je pisarniški material?
Potrebujem pisemske ovitke in pisemski papir.
Potrebujem kulije in flomastre.

Wo sind die Möbel?
Ich brauche einen Schrank und eine Kommode.
Ich brauche einen Schreibtisch und ein Regal.

Kje je pohištvo?
Potrebujem omaro in predalnik (eno komodo).
Potrebujem pisalno mizo in regal (eno polico).

Wo sind die Spielsachen?
Ich brauche eine Puppe und einen Teddybär.
Ich brauche einen Fußball und ein Schachspiel.

Kje so igrače?
Potrebujem punčko in medvedka.
Potrebujem nogometno žogo in šahovsko igro.

Wo ist das Werkzeug?
Ich brauche einen Hammer und eine Zange.
Ich brauche einen Bohrer und einen Schraubenzieher.

Kje je orodje?
Potrebujem kladivo in klešče.
Potrebujem vrtalnik in izvijač.

Wo ist der Schmuck?
Ich brauche eine Kette und ein Armband.
Ich brauche einen Ring und Ohrringe.

Kje je nakit?
Potrebujem verižico in zapestnico.
Potrebujem en prstan in uhane.

53 [dreiundfünfzig]

53 [triinpetdeset]

Geschäfte

Opravki

Wir suchen ein Sportgeschäft.	Iščemo (iščeva) trgovino s športnimi potrebščinami.
Wir suchen eine Fleischerei.	Iščemo (iščeva) mesarijo.
Wir suchen eine Apotheke.	Iščemo (iščeva) lekarno.
Wir möchten nämlich einen Fußball kaufen.	Radi bi namreč kupili (Rada bi kupila, Rade bi kupile) nogometno žogo.
Wir möchten nämlich Salami kaufen.	Radi bi namreč kupili (Rada bi kupila, Rade bi kupile) salamo.
Wir möchten nämlich Medikamente kaufen.	Radi bi namreč kupili (Rada bi kupila, Rade bi kupile) zdravila.
Wir suchen ein Sportgeschäft, um einen Fußball zu kaufen.	Iščemo (iščeva) trgovino s športnimi potrebščinami, da bi kupili (kupili, kupile) nogometno žogo.
Wir suchen eine Fleischerei, um Salami zu kaufen.	Iščemo (iščeva) mesarijo, da bi kupili (kupile) salamo.
Wir suchen eine Apotheke, um Medikamente zu kaufen.	Iščemo (iščeva) lekarno, da bi kupili (kupile) zdravila.
Ich suche einen Juwelier.	Iščem zlatarja.
Ich suche ein Fotogeschäft.	Iščem trgovino s fotomaterialom.
Ich suche eine Konditorei.	Iščem slaščičarno.
Ich habe nämlich vor, einen Ring zu kaufen.	Hočem namreč kupiti prstan.
Ich habe nämlich vor, einen Film zu kaufen.	Hočem namreč kupiti film.
Ich habe nämlich vor, eine Torte zu kaufen.	Hočem namreč kupiti torto.
Ich suche einen Juwelier, um einen Ring zu kaufen.	Iščem zlatarja, ker bi rad kupil prstan.
Ich suche ein Fotogeschäft, um einen Film zu kaufen.	Iščem trgovino s fotomaterialom, ker bi rad kupil film.
Ich suche eine Konditorei, um eine Torte zu kaufen.	Iščem slaščičarno, ker bi rad kupil torto.

54 [vierundfünfzig]

Einkaufen

54 [štiriinpetdeset]

Nakupovanje

Ich möchte ein Geschenk kaufen.	Rad(a) bi kupil(a) darilo.
Aber nichts allzu Teueres.	Vendar ne predrago.
Vielleicht eine Handtasche?	Morda torbico?
Welche Farbe möchten Sie?	V kakšni barvi jo želite?
Schwarz, braun oder weiß?	V črni, rjavi ali beli?
Eine große oder eine kleine?	Veliko ali majhno?
Darf ich diese mal sehen?	Si lahko tole pogledam?
Ist die aus Leder?	Je tale iz usnja?
Oder ist die aus Kunststoff?	Ali iz umetne snovi?
Aus Leder natürlich.	Seveda je iz usnja.
Das ist eine besonders gute Qualität.	Je zelo dobre kakovosti.
Und die Handtasche ist wirklich sehr preiswert.	In ta torbica je resnično zelo poceni.
Die gefällt mir.	Všeč mi je.
Die nehme ich.	Vzamem jo.
Kann ich die eventuell umtauschen?	Jo lahko kasneje mogoče zamenjam?
Selbstverständlich.	Seveda.
Wir packen sie als Geschenk ein.	Jo bomo zapakirali kot darilo.
Dort drüben ist die Kasse.	Tam je blagajna.

55 [fünfundfünfzig]

Arbeiten

55 [petinpetdeset]

Na delu

Was machen Sie beruflich?	S čim se poklicno ukvarjate?
Mein Mann ist Arzt von Beruf.	Moj mož je po poklicu zdravnik.
Ich arbeite halbtags als Krankenschwester.	Jaz delam kot medicinska sestra s polovičnim delovnim časom.
Bald bekommen wir Rente.	Kmalu bova šla v pokoj.
Aber die Steuern sind hoch.	Ampak davki so visoki.
Und die Krankenversicherung ist hoch.	In zdravstveno zavarovanje je drago.
Was willst du einmal werden?	Kaj bi rad(a) nekoč postal(a)?
Ich möchte Ingenieur werden.	Rad(a) bi postal(a) inženir.
Ich will an der Universität studieren.	Hočem študirati na univerzi.
Ich bin Praktikant.	Sem pripravnik.
Ich verdiene nicht viel.	Ne zaslužim veliko.
Ich mache ein Praktikum im Ausland.	Opravljam pripravništvo v tujini.
Das ist mein Chef.	To je moj šef.
Ich habe nette Kollegen.	Imam prijetne kolege.
Mittags gehen wir immer in die Kantine.	Opoldne gremo vedno v menzo.
Ich suche eine Stelle.	Iščem službo.
Ich bin schon ein Jahr arbeitslos.	Eno leto sem že brezposeln(a).
In diesem Land gibt es zu viele Arbeitslose.	V tej deželi je preveč brezposelnih.

56
[sechsundfünfzig]

Gefühle

56 [šestinpetdeset]

Čustva

Lust haben	Uživati
Wir haben Lust.	Mi uživamo (se imamo prijetno). / Midva (Medve) uživava (se imava prijetno).
Wir haben keine Lust.	Ne uživamo (uživava).
Angst haben	bati se
Ich habe Angst.	Bojim se.
Ich habe keine Angst.	Ne bojim se.
Zeit haben	imeti čas
Er hat Zeit.	On ima čas.
Er hat keine Zeit.	On nima časa.
Langeweile haben	dolgočasiti se
Sie hat Langeweile.	Ona se dolgočasi. (Njej je dolgčas.)
Sie hat keine Langeweile.	Ona se ne dolgočasi. (Njej ni dolgčas.)
Hunger haben	biti lačen
Habt ihr Hunger?	Ali ste lačni?
Habt ihr keinen Hunger?	Ali niste lačni?
Durst haben	biti žejen
Sie haben Durst.	Vi ste žejni. (Ve ste žejne.)
Sie haben keinen Durst.	Vi niste žejni. (Ve niste žejne.)

57
[siebenundfünfzig]

Beim Arzt

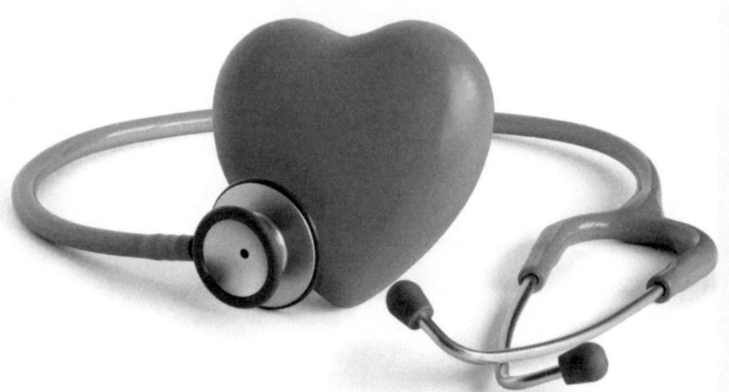

57
[sedeminpetdeset]

Pri zdravniku

Ich habe einen Termin beim Arzt.	Naročen(a) sem pri zdravniku.
Ich habe den Termin um zehn Uhr.	Naročen(a) sem ob desetih.
Wie ist Ihr Name?	Kako vam je ime?
Bitte nehmen Sie im Wartezimmer Platz.	Prosim usedite se v čakalnico.
Der Arzt kommt gleich.	Zdravnik pride takoj.
Wo sind Sie versichert?	Kje ste zavarovani?
Was kann ich für Sie tun?	Kaj lahko storim za vas?
Haben Sie Schmerzen?	Vas boli? Čutite bolečine?
Wo tut es weh?	Kje vas boli?
Ich habe immer Rückenschmerzen.	Stalno me boli hrbet.
Ich habe oft Kopfschmerzen.	Pogosto me boli glava.
Ich habe manchmal Bauchschmerzen.	Včasih me boli trebuh.
Machen Sie bitte den Oberkörper frei!	Prosim slecite se do pasu!
Legen Sie sich bitte auf die Liege!	Uležite se, prosim, na ležalnik.
Der Blutdruck ist in Ordnung.	Krvni tlak je v redu.
Ich gebe Ihnen eine Spritze.	Dal(a) vam bom injekcijo.
Ich gebe Ihnen Tabletten.	Dal(a) vam bom tablete.
Ich gebe Ihnen ein Rezept für die Apotheke.	Dal(a) vam bom recept za v lekarno.

58
[achtundfünfzig]

Körperteile

58
[oseminpetdeset]

Deli telesa

Ich zeichne einen Mann.
Zuerst den Kopf.
Der Mann trägt einen Hut.

Rišem moža.
Najprej glavo.
Mož nosi klobuk.

Die Haare sieht man nicht.
Die Ohren sieht man auch nicht.
Den Rücken sieht man auch nicht.

Las se ne vidi.
Tudi ušes se ne vidi.
Hrbta tudi ni videti.

Ich zeichne die Augen und den Mund.
Der Mann tanzt und lacht.
Der Mann hat eine lange Nase.

Rišem oči in usta.
Mož pleše in se smeje.
Mož ima dolg nos.

Er trägt einen Stock in den Händen.
Er trägt auch einen Schal um den Hals.
Es ist Winter und es ist kalt.

V rokah drži palico.
Okoli vrata ima ovit šal.
Zima je in je mrzlo.

Die Arme sind kräftig.
Die Beine sind auch kräftig.
Der Mann ist aus Schnee.

Roke so močne.
Tudi noge so močne.
Mož je iz snega.

Er trägt keine Hose und keinen Mantel.
Aber der Mann friert nicht.
Er ist ein Schneemann.

Ne nosi ne hlač, ne plašča.
Vendar tega moža ne zebe.
On je sneženi mož.

59
[neunundfünfzig]

59
[devetinpetdeset]

Im Postamt

Na pošti (Na poštnem uradu)

Wo ist das nächste Postamt?
Ist es weit bis zum nächsten Postamt?
Wo ist der nächste Briefkasten?

Kje je najbližja pošta?
Je daleč do najbližje pošte?
Kje je najbližji poštni nabiralnik?

Ich brauche ein paar Briefmarken.
Für eine Karte und einen Brief.
Wie teuer ist das Porto nach Amerika?

Potrebujem dve znamki.
Za razglednico in za pismo.
Koliko znaša poštnina v Ameriko?

Wie schwer ist das Paket?
Kann ich es per Luftpost schicken?
Wie lange dauert es, bis es ankommt?

Kako težak je paket?
Lahko to pošljem letalsko?
Koliko časa traja, da prispe?

Wo kann ich telefonieren?
Wo ist die nächste Telefonzelle?
Haben Sie Telefonkarten?

Kje lahko telefoniram?
Kje je najbližja telefonska celica?
Ali imate telefonsko kartico?

Haben Sie ein Telefonbuch?
Kennen Sie die Vorwahl von Österreich?
Einen Augenblick, ich schau mal nach.

Ali imate telefonski imenik?
Ali poznate številko za Avstrijo?
Samo trenutek, da pogledam.

Die Leitung ist immer besetzt.
Welche Nummer haben Sie gewählt?
Sie müssen zuerst die Null wählen!

Linija je vedno zasedena.
Kakšno številko ste zavrteli?
Najprej morate zavrteti nič!

60 [sechzig] | 60 [šestdeset]

In der Bank | Na banki

Ich möchte ein Konto eröffnen.	Rad(a) bi odprl(a) račun.
Hier ist mein Pass.	Tukaj je moj potni list.
Und hier ist meine Adresse.	In tukaj je moj naslov.
Ich möchte Geld auf mein Konto einzahlen.	Rad(a) bi uplačal(a) denar na svoj račun.
Ich möchte Geld von meinem Konto abheben.	Rad(a) bi dvignil(a) denar s svojega računa.
Ich möchte die Kontoauszüge abholen.	Prišel (prišla) sem po izpisek stanja na računu.
Ich möchte einen Reisescheck einlösen.	Rad(a) bi unovčil(a) potovalni ček.
Wie hoch sind die Gebühren?	Kako visoke so provizije?
Wo muss ich unterschreiben?	Kje moram podpisati?
Ich erwarte eine Überweisung aus Deutschland.	Pričakujem nakazilo iz Nemčije.
Hier ist meine Kontonummer.	Tukaj je moja številka računa.
Ist das Geld angekommen?	Je denar prispel?
Ich möchte dieses Geld wechseln.	Rad bi zamenjal ta denar.
Ich brauche US-Dollar.	Potrebujem ameriške dolarje.
Bitte geben Sie mir kleine Scheine.	Dajte mi, prosim, drobne bankovce.
Gibt es hier einen Geldautomat?	Ali je tukaj kakšen bankomat?
Wie viel Geld kann man abheben?	Koliko denarja se lahko dvigne?
Welche Kreditkarten kann man benutzen?	Kakšne kreditne kartice se da uporabiti?

61 [einundsechzig]

61 [enainšestdeset]

Ordinalzahlen

Vrstilni števniki

Der erste Monat ist der Januar.
Der zweite Monat ist der Februar.
Der dritte Monat ist der März.

Prvi mesec je januar.
Drugi mesec je februar.
Tretji mesec je marec.

Der vierte Monat ist der April.
Der fünfte Monat ist der Mai.
Der sechste Monat ist der Juni.

Četrti mesec je april.
Peti mesec je maj.
Šesti mesec je junij.

Sechs Monate sind ein halbes Jahr.
Januar, Februar, März,
April, Mai und Juni.

Šest mesecev je pol (polovica) leta.
Januar, februar, marec,
april, maj in junij.

Der siebte Monat ist der Juli.
Der achte Monat ist der August.
Der neunte Monat ist der September.

Sedmi mesec je julij.
Osmi mesec je avgust.
Deveti mesec je september.

Der zehnte Monat ist der Oktober.
Der elfte Monat ist der November.
Der zwölfte Monat ist der Dezember.

Deseti mesec je oktober.
Enajsti mesec je november.
Dvanajsti mesec je december.

Zwölf Monate sind ein Jahr.
Juli, August, September,
Oktober, November und Dezember.

Dvanajst mesecev je eno leto.
Julij, avgust, september,
oktober, november in december.

62
[zweiundsechzig]

Fragen stellen 1

62
[dvainšestdeset]

Postavljanje vprašanj 1

lernen
Lernen die Schüler viel?
Nein, sie lernen wenig.

učiti se
Se dijaki veliko učijo?
Ne, malo.

fragen
Fragen Sie oft den Lehrer?
Nein, ich frage ihn nicht oft.

vprašati (spraševati)
Ali pogosto sprašujete učitelja?
Ne sprašujem ga pogosto.

antworten
Antworten Sie, bitte.
Ich antworte.

odgovoriti (odgovarjati)
Odgovorite, prosim.
Odgovarjam.

arbeiten
Arbeitet er gerade?
Ja, er arbeitet gerade.

delati
Ali on trenutno dela?
Da, on trenutno dela.

kommen
Kommen Sie?
Ja, wir kommen gleich.

priti, prihajati
Ali pridete?
Da, takoj pridemo.

wohnen
Wohnen Sie in Berlin?
Ja, ich wohne in Berlin.

stanovati
Stanujete v Berlinu?
Da, stanujem v Berlinu.

63
[dreiundsechzig]

Fragen stellen 2

63 [triinšestdeset]

Postavljanje vprašanj 2

Ich habe ein Hobby. Ich spiele Tennis. Wo ist ein Tennisplatz?	Imam hobi. Igram tenis. Kje je teniško igrišče?
Hast du ein Hobby? Ich spiele Fußball. Wo ist ein Fußballplatz?	Imaš kakšen hobi ? Igram nogomet. Kje je nogometno igrišče?
Mein Arm tut weh. Mein Fuß und meine Hand tun auch weh. Wo ist ein Doktor?	Boli me rama. Bolita me tudi noga in roka. Kje je kakšen zdravnik?
Ich habe ein Auto. Ich habe auch ein Motorrad. Wo ist ein Parkplatz?	Imam avto. Imam tudi motor. Kje je kakšno parkirišče?
Ich habe einen Pullover. Ich habe auch eine Jacke und eine Jeans. Wo ist die Waschmaschine?	Imam pulover. Imam tudi jopo in hlače iz jeansa. Kje je pralni stroj?
Ich habe einen Teller. Ich habe ein Messer, eine Gabel und einen Löffel. Wo sind Salz und Pfeffer?	Imam krožnik. Imam nož, vilice in žlico. Kje sta sol in poper?

64
[vierundsechzig]

Verneinung 1

64
[štiriinšestdeset]

Negacija 1

Ich verstehe das Wort nicht.
Ich verstehe den Satz nicht.
Ich verstehe die Bedeutung nicht.

Ne razumem te besede.
Ne razumem tega stavka.
Ne razumem pomena.

der Lehrer
Verstehen Sie den Lehrer?
Ja, ich verstehe ihn gut.

učitelj
Ali razumete učitelja?
Da, dobro ga razumem.

die Lehrerin
Verstehen Sie die Lehrerin?
Ja, ich verstehe sie gut.

učiteljica
Ali razumete učiteljico?
Da, dobro jo razumem.

die Leute
Verstehen Sie die Leute?
Nein, ich verstehe sie nicht so gut.

ljudje
Ali razumete ljudi?
Ne, ne razumem jih ravno dobro.

die Freundin
Haben Sie eine Freundin?
Ja, ich habe eine.

prijateljica
Ali imate kakšno prijateljico?
Da, imam eno.

die Tochter
Haben Sie eine Tochter?
Nein, ich habe keine.

hči
Ali imate kakšno hčerko?
Ne, nobene nimam.

65
[fünfundsechzig]

Verneinung 2

65 [petinšestdeset]

Negacija 2

yes
no
maybe

Ist der Ring teuer?
Nein, er kostet nur hundert Euro.
Aber ich habe nur fünfzig.

Ali je ta prstan drag?
Ne, stane le sto evrov.
Ampak jaz jih imam samo petdeset.

Bist du schon fertig?
Nein, noch nicht.
Aber gleich bin ich fertig.

Si že gotov(a) (pripravljen(a))?
Ne, ne še.
Ampak bom takoj gotov(a).

Möchtest du noch Suppe?
Nein, ich will keine mehr.
Aber noch ein Eis.

Bi rad(a) še več juhe?
Ne, nočem je več.
Ampak bi še en sladoled.

Wohnst du schon lange hier?
Nein, erst einen Monat.
Aber ich kenne schon viele Leute.

Že dolgo stanuješ tukaj?
Ne, šele en mesec.
Vendar poznam že veliko ljudi.

Fährst du morgen nach Hause?
Nein, erst am Wochenende.
Aber ich komme schon am Sonntag zurück.

Ali se jutri pelješ domov?
Ne, šele konec tedna.
Vendar pridem že v nedeljo nazaj.

Ist deine Tochter schon erwachsen?
Nein, sie ist erst siebzehn.
Aber sie hat schon einen Freund.

Je tvoja hči že odrasla?
Ne, ima šele sedemnajst let.
Vendar že ima fanta.

66
[sechsundsechzig]

Possessivpronomen 1

66
[šestinšestdeset]

Svojilni zaimki 1

ich – mein
Ich finde meinen Schlüssel nicht.
Ich finde meine Fahrkarte nicht.

jaz – moj
Ne najdem svojega ključa.
Ne najdem svoje vozovnice.

du – dein
Hast du deinen Schlüssel gefunden?
Hast du deine Fahrkarte gefunden?

ti – tvoj
Si našel svoj ključ?
Si našel svojo vozovnico?

er – sein
Weißt du, wo sein Schlüssel ist?
Weißt du, wo seine Fahrkarte ist?

on – njegov
Ali veš, kje je njegov ključ?
Ali veš, kje je njegova vozovnica?

sie – ihr
Ihr Geld ist weg.
Und ihre Kreditkarte ist auch weg.

ona – njen
Njenega denarja ni več.
In njene kreditne kartice tudi ni več.

wir – unser
Unser Opa ist krank.
Unsere Oma ist gesund.

mi – naš
Naš dedek je bolan.
Naša babica je zdrava.

ihr – euer
Kinder, wo ist euer Vati?
Kinder, wo ist eure Mutti?

vi – vaš
Otroci, kje je vaš oči (ati)?
Otroci, kje je vaša mami?

67
[siebenundsechzig]

Possessivpronomen 2

67
[sedeminšestdeset]

Svojilni zaimki 2

die Brille
Er hat seine Brille vergessen.
Wo hat er denn seine Brille?

očala
Pozabil je svoja očala.
Kje neki ima svoja očala?

die Uhr
Seine Uhr ist kaputt.
Die Uhr hängt an der Wand.

ura
Njegova ura je pokvarjena.
Ura visi na steni.

der Pass
Er hat seinen Pass verloren.
Wo hat er denn seinen Pass?

potni list
On je izgubil svoj potni list.
Le kje ima svoj potni list?

sie – ihr
Die Kinder können ihre Eltern nicht finden.
Aber da kommen ja ihre Eltern!

oni – njihov
Otroci ne morejo najti svojih staršev.
Ampak, glej, prihajajo njihovi starši!

Sie – Ihr
Wie war Ihre Reise, Herr Müller?
Wo ist Ihre Frau, Herr Müller?

vi – vaš
Kako ste se imeli na potovanju, gospod Müller?
Kje je vaša žena, gospod Müller?

Sie – Ihr
Wie war Ihre Reise, Frau Schmidt?
Wo ist Ihr Mann, Frau Schmidt?

ona – njen
Kako ste se imeli na potovanju, gospa Schmidt?
Kje je vaš mož, gospa Schmidt?

68
[achtundsechzig]

groß – klein

68
[oseminšestdeset]

velik – majhen

groß und klein
Der Elefant ist groß.
Die Maus ist klein.

velik in majhen
Slon je velik.
Miš je majhna.

dunkel und hell
Die Nacht ist dunkel.
Der Tag ist hell.

temen in svetel
Noč je temna.
Dan je svetel.

alt und jung
Unser Großvater ist sehr alt.
Vor 70 Jahren war er noch jung.

star in mlad
Naš dedek je zelo star.
Pred sedemdesetimi leti je bil še mlad.

schön und hässlich
Der Schmetterling ist schön.
Die Spinne ist hässlich.

lep in grd
Metulj je lep.
Pajek je grd.

dick und dünn
Eine Frau mit 100 Kilo ist dick.
Ein Mann mit 50 Kilo ist dünn.

debel in suh
Ženska s sto kilami je debela.
Moški s 50 (petdesetimi) kilami je suh.

teuer und billig
Das Auto ist teuer.
Die Zeitung ist billig.

drag in poceni
Avto je drag.
Časopis je poceni.

69
[neunundsechzig]

brauchen – wollen

69
[devetinšestdeset]

potrebovati – hoteti

Ich brauche ein Bett. Ich will schlafen. Gibt es hier ein Bett?	Potrebujem posteljo. Hočem spati. Je tukaj kakšna postelja?
Ich brauche eine Lampe. Ich will lesen. Gibt es hier eine Lampe?	Potrebujem svetilko. Hočem brati. Je tukaj kakšna svetilka?
Ich brauche ein Telefon. Ich will telefonieren. Gibt es hier ein Telefon?	Potrebujem telefon. Hočem telefonirati. Je tukaj kakšen telefon?
Ich brauche eine Kamera. Ich will fotografieren. Gibt es hier eine Kamera?	Potrebujem kamero. Hočem fotografirati. Je tukaj kakšna kamera?
Ich brauche einen Computer. Ich will eine E-Mail schicken. Gibt es hier einen Computer?	Potrebujem računalnik. Hočem poslati e-mail. Je tukaj kakšen računalnik?
Ich brauche einen Kuli. Ich will etwas schreiben. Gibt es hier ein Blatt Papier und einen Kuli?	Potrebujem kuli. Hočem nekaj napisati. Ali je tu kakšen kos papirja in kakšen kuli?

70 [siebzig]

etwas mögen

70 [sedemdeset]

nekaj imeti rad

Möchten Sie rauchen?	Želite kaditi?
Möchten Sie tanzen?	Želite plesati?
Möchten Sie spazieren gehen?	Bi šli radi na sprehod?
Ich möchte rauchen.	Rad bi kadil.
Möchtest du eine Zigarette?	Bi rad(a) cigareto?
Er möchte Feuer.	On bi rad ogenj.
Ich möchte etwas trinken.	Rad(a) bi nekaj popil(a).
Ich möchte etwas essen.	Rad(a) bi nekaj pojedel (pojedla).
Ich möchte mich etwas ausruhen.	Rad(a) bi si malo spočil(a).
Ich möchte Sie etwas fragen.	Rad(a) bi vas nekaj vprašal(a).
Ich möchte Sie um etwas bitten.	Rad(a) bi vas nekaj prosil(a).
Ich möchte Sie zu etwas einladen.	Rad(a) bi vas na nekaj povabil(a).
Was möchten Sie bitte?	Kaj želite, prosim?
Möchten Sie einen Kaffee?	Želite kavo?
Oder möchten Sie lieber einen Tee?	Ali bi raje čaj?
Wir möchten nach Hause fahren.	Radi bi šli domov.
Möchtet ihr ein Taxi?	Želite taksi?
Sie möchten telefonieren.	Oni bi radi telefonirali. (One bi rade telefonirale.)

71 [einundsiebzig]

etwas wollen

71 [enainsedemdeset]

nekaj hoteti (želeti)

Was wollt ihr?	Kaj hočete?
Wollt ihr Fußball spielen?	Hočete igrati nogomet?
Wollt ihr Freunde besuchen?	Hočete obiskati prijatelje?
wollen	hoteti
Ich will nicht spät kommen.	Nočem priti pozno.
Ich will nicht hingehen.	Nočem iti tja.
Ich will nach Hause gehen.	Hočem (iti) domov.
Ich will zu Hause bleiben.	Hočem ostati doma.
Ich will allein sein.	Hočem biti sam(a).
Willst du hier bleiben?	Hočeš ostati tukaj?
Willst du hier essen?	Hočeš jesti tukaj?
Willst du hier schlafen?	Hočeš spati tukaj?
Wollen Sie morgen abfahren?	Hočete jutri odpotovati?
Wollen Sie bis morgen bleiben?	Hočete ostati do jutri?
Wollen Sie die Rechnung erst morgen bezahlen?	Hočete plačati račun šele jutri?
Wollt ihr in die Disko?	Hočete v disko?
Wollt ihr ins Kino?	Hočete v kino?
Wollt ihr ins Café?	Hočete v kavarno?

72
[zweiundsiebzig]

etwas müssen

72
[dvainsedemdeset]

nekaj morati

müssen	morati
Ich muss den Brief verschicken.	Moram odposlati to pismo.
Ich muss das Hotel bezahlen.	Moram plačati hotel.
Du musst früh aufstehen.	Moraš zgodaj vstati.
Du musst viel arbeiten.	Moraš veliko delati.
Du musst pünktlich sein.	Moraš biti točen / točna.
Er muss tanken.	On mora tankati.
Er muss das Auto reparieren.	On mora popraviti avto.
Er muss das Auto waschen.	On mora oprati avto.
Sie muss einkaufen.	Ona mora nakupovati.
Sie muss die Wohnung putzen.	Ona mora čistiti stanovanje.
Sie muss die Wäsche waschen.	Ona mora prati perilo.
Wir müssen gleich zur Schule gehen.	Takoj moramo (iti) v šolo.
Wir müssen gleich zur Arbeit gehen.	Takoj moramo (iti) na delo.
Wir müssen gleich zum Arzt gehen.	Takoj moramo (iti) k zdravniku.
Ihr müsst auf den Bus warten.	Počakati morate na avtobus. (Vi morate čakati na avtobus.)
Ihr müsst auf den Zug warten.	Počakati morate na vlak.
Ihr müsst auf das Taxi warten.	Počakati morate na taksi.

73 [dreiundsiebzig]

etwas dürfen

73 [triinsedemdeset]

nekaj smeti (nekaj lahko)

Darfst du schon Auto fahren?	Ali že smeš voziti avto?
Darfst du schon Alkohol trinken?	Ali že smeš uživati alkohol?
Darfst du schon allein ins Ausland fahren?	Ali že smeš sam(a) potovati v tujino?
dürfen	smeti (lahko)
Dürfen wir hier rauchen?	Smemo tukaj kaditi?
Darf man hier rauchen?	Se lahko tu kadi?
Darf man mit Kreditkarte bezahlen?	Se lahko plača s kreditno kartico?
Darf man mit Scheck bezahlen?	Se lahko plača s čekom?
Darf man nur bar bezahlen?	Se lahko plača le z gotovino?
Darf ich mal eben telefonieren?	Lahko samo kratko telefoniram?
Darf ich mal eben etwas fragen?	Lahko samo nekaj vprašam?
Darf ich mal eben etwas sagen?	Lahko samo nekaj povem?
Er darf nicht im Park schlafen.	On ne sme spati v parku.
Er darf nicht im Auto schlafen.	On ne sme spati v avtu.
Er darf nicht im Bahnhof schlafen.	On ne sme spati na železniški postaji.
Dürfen wir Platz nehmen?	Smemo sesti?
Dürfen wir die Speisekarte haben?	Ali lahko dobimo jedilni list?
Dürfen wir getrennt zahlen?	Ali lahko plačamo ločeno?

74 [vierundsiebzig]

um etwas bitten

74 [štiriinsedemdeset]

za nekaj prositi

Können Sie mir die Haare schneiden?	Ali mi lahko postrižete lase?
Nicht zu kurz, bitte.	Ne preveč na kratko, prosim.
Etwas kürzer, bitte.	Še malo bolj na kratko, prosim.
Können Sie die Bilder entwickeln?	Ali lahko razvijete te slike?
Die Fotos sind auf der CD.	Fotografije so na CD-ju.
Die Fotos sind in der Kamera.	Fotografije so v aparatu.
Können Sie die Uhr reparieren?	Ali lahko popravite uro?
Das Glas ist kaputt.	Steklo je počeno.
Die Batterie ist leer.	Baterija je prazna.
Können Sie das Hemd bügeln?	Ali lahko zlikate srajco?
Können Sie die Hose reinigen?	Ali lahko očistite hlače?
Können Sie die Schuhe reparieren?	Ali lahko popravite čevlje?
Können Sie mir Feuer geben?	Mi lahko daste ogenj?
Haben Sie Streichhölzer oder ein Feuerzeug?	Imate vžigalice ali vžigalnik?
Haben Sie einen Aschenbecher?	Imate kakšen pepelnik?
Rauchen Sie Zigarren?	Kadite cigare?
Rauchen Sie Zigaretten?	Kadite cigarete?
Rauchen Sie Pfeife?	Kadite pipo?

75
[fünfundsiebzig]

etwas
begründen 1

75
[petinsedemdeset]

nekaj utemeljiti
1

Warum kommen Sie nicht?
Das Wetter ist so schlecht.
Ich komme nicht, weil das Wetter so schlecht ist.

Zakaj ne pridete?
Vreme je tako grdo (slabo).
Ne pridem, ker je vreme tako slabo.

Warum kommt er nicht?
Er ist nicht eingeladen.
Er kommt nicht, weil er nicht eingeladen ist.

Zakaj on ne pride?
Ni povabljen.
Ne pride, ker ni povabljen.

Warum kommst du nicht?
Ich habe keine Zeit.
Ich komme nicht, weil ich keine Zeit habe.

Zakaj ne prideš?
Nimam časa.
Ne bom prišel/prišla, ker nimam časa.

Warum bleibst du nicht?
Ich muss noch arbeiten.
Ich bleibe nicht, weil ich noch arbeiten muss.

Zakaj ne ostaneš?
Imam še delo.
Ne ostanem zaradi tega, ker imam še delo.

Warum gehen Sie schon?
Ich bin müde.
Ich gehe, weil ich müde bin.

Zakaj že greste?
Utrujen(a) sem.
Grem zato, ker sem utrujen(a).

Warum fahren Sie schon?
Es ist schon spät.
Ich fahre, weil es schon spät ist.

Zakaj že odhajate?
Pozno je že.
Odhajam, ker je že pozno.

76
[sechsundsiebzig]

etwas
begründen 2

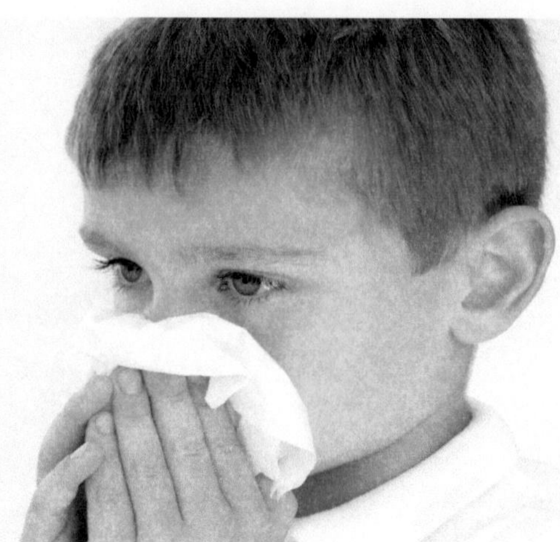

76
[šestinsedemdeset
]

nekaj utemeljiti
2

Warum bist du nicht gekommen? Ich war krank. Ich bin nicht gekommen, weil ich krank war.	Zakaj nisi prišel (prišla)? Bil sem bolan. (Bila sem bolna.) Nisem prišel, ker sem bil bolan. (Nisem prišla, ker sem bila bolna.)
Warum ist sie nicht gekommen? Sie war müde. Sie ist nicht gekommen, weil sie müde war.	Zakaj ona ni prišla? Bila je utrujena. Ni prišla, ker je bila utrujena.
Warum ist er nicht gekommen? Er hatte keine Lust. Er ist nicht gekommen, weil er keine Lust hatte.	Zakaj on ni prišel? Ni mu bilo do tega. Ni prišel, ker mu ni bilo do tega.
Warum seid ihr nicht gekommen? Unser Auto ist kaputt. Wir sind nicht gekommen, weil unser Auto kaputt ist.	Zakaj niste prišli? Pokvarjen avto imamo. Nismo prišli, ker imamo pokvarjen avto.
Warum sind die Leute nicht gekommen? Sie haben den Zug verpasst. Sie sind nicht gekommen, weil sie den Zug verpasst haben.	Zakaj ljudje niso prišli? Zamudili so vlak. Niso prišli, ker so zamudili vlak.
Warum bist du nicht gekommen? Ich durfte nicht. Ich bin nicht gekommen, weil ich nicht durfte.	Zakaj nisi prišel (prišla)? Nisem smel(a). Nisem prišel/prišla, ker nisem smel/a.

77
[siebenundsiebzig]

etwas begründen 3

77
[sedeminsedemde set]

nekaj utemeljiti 3

Warum essen Sie die Torte nicht? Ich muss abnehmen. Ich esse sie nicht, weil ich abnehmen muss.	Zakaj ne jeste torte? Moram shujšati. Ne jem je, ker moram shujšati.
Warum trinken Sie das Bier nicht? Ich muss noch fahren. Ich trinke es nicht, weil ich noch fahren muss.	Zakaj ne pijete piva? Moram še voziti. Ne pijem ga, ker moram še voziti.
Warum trinkst du den Kaffee nicht? Er ist kalt. Ich trinke ihn nicht, weil er kalt ist.	Zakaj ne piješ kave? Mrzla je. Ne pijem je, ker je mrzla.
Warum trinkst du den Tee nicht? Ich habe keinen Zucker. Ich trinke ihn nicht, weil ich keinen Zucker habe.	Zakaj ne piješ čaja? Nimam sladkorja. Ne pijem ga, ker nimam sladkorja.
Warum essen Sie die Suppe nicht? Ich habe sie nicht bestellt. Ich esse sie nicht, weil ich sie nicht bestellt habe.	Zakaj ne jeste juhe? Nisem je naročil(a). Ne jem je, ker je nisem naročil(a).
Warum essen Sie das Fleisch nicht? Ich bin Vegetarier. Ich esse es nicht, weil ich Vegetarier bin.	Zakaj ne jeste mesa? Sem vegetarijanec (vegetarijanka). Ne jem ga, ker sem vegetarijanec (vegetarijanka).

78
[achtundsiebzig]

Adjektive 1

78
[oseminsedemdeset]

Pridevnik 1

eine alte Frau	stara ženska
eine dicke Frau	debela ženska
eine neugierige Frau	radovedna ženska
ein neuer Wagen	nov avto
ein schneller Wagen	hiter avto
ein bequemer Wagen	udoben avto
ein blaues Kleid	modra obleka
ein rotes Kleid	rdeča obleka
ein grünes Kleid	zelena obleka
eine schwarze Tasche	črna torbica
eine braune Tasche	rjava torbica
eine weiße Tasche	bela torbica
nette Leute	prijetni (prijazni, ljubeznivi) ljudje
höfliche Leute	vljudni ljudje
interessante Leute	zanimivi ljudje
liebe Kinder	ljubi otroci
freche Kinder	nesramni otroci
brave Kinder	pridni otroci

79
[neunundsiebzig]

Adjektive 2

79
[devetinsedemdes
et]

Pridevnik 2

Ich habe ein blaues Kleid an. Ich habe ein rotes Kleid an. Ich habe ein grünes Kleid an.	Na sebi imam (Oblečeno imam) modro obleko. Na sebi imam (Oblečeno imam) rdečo obleko. Na sebi imam (Oblečeno imam) zeleno obleko.
Ich kaufe eine schwarze Tasche. Ich kaufe eine braune Tasche. Ich kaufe eine weiße Tasche.	Kupil(a) bom črno torbico. Kupil(a) bom eno rjavo torbico. Kupil(a) bom belo torbico.
Ich brauche einen neuen Wagen. Ich brauche einen schnellen Wagen. Ich brauche einen bequemen Wagen.	Potrebujem nov avto. Potrebujem hiter avto. Potrebujem udoben avto.
Da oben wohnt eine alte Frau. Da oben wohnt eine dicke Frau. Da unten wohnt eine neugierige Frau.	Tam zgoraj stanuje stara gospa. Tam zgoraj stanuje debela gospa. Tam zgoraj stanuje radovedna gospa.
Unsere Gäste waren nette Leute. Unsere Gäste waren höfliche Leute. Unsere Gäste waren interessante Leute.	Naši gostje so bili prijetni (prijazni, ljubeznivi) ljudje. Naši gostje so bili vljudni ljudje. Naši gostje so bili zanimivi ljudje.
Ich habe liebe Kinder. Aber die Nachbarn haben freche Kinder. Sind Ihre Kinder brav?	Imam ljubke otroke. Toda sosedje imajo nesramne otroke. So vaši otroci pridni?

80 [achtzig]

80 [osemdeset]

Adjektive 3

Pridevnik 3

Sie hat einen Hund.
Der Hund ist groß.
Sie hat einen großen Hund.

Ona ima psa.
Pes je velik.
Ona ima velikega psa.

Sie hat ein Haus.
Das Haus ist klein.
Sie hat ein kleines Haus.

Ona ima hišo.
Hiša je majhna.
Ona ima majhno hišo.

Er wohnt in einem Hotel.
Das Hotel ist billig.
Er wohnt in einem billigen Hotel.

On stanuje v hotelu.
Hotel je poceni.
On stanuje v poceni hotelu.

Er hat ein Auto.
Das Auto ist teuer.
Er hat ein teures Auto.

On ima avto.
Avto je drag.
On ima en drag avto.

Er liest einen Roman.
Der Roman ist langweilig.
Er liest einen langweiligen Roman.

On bere roman.
Roman je dolgočasen.
On bere dolgočasen roman.

Sie sieht einen Film.
Der Film ist spannend.
Sie sieht einen spannenden Film.

On gleda film.
Film je napet.
On gleda napet film.

81 [einundachtzig] | 81 [enainosemdeset]

Vergangenheit 1 | Preteklost 1

schreiben
Er schrieb einen Brief.
Und sie schrieb eine Karte.

pisati
On je napisal pismo.
In ona je napisala razglednico.

lesen
Er las eine Illustrierte.
Und sie las ein Buch.

brati
On je bral revijo.
In ona je brala knjigo.

nehmen
Er nahm eine Zigarette.
Sie nahm ein Stück Schokolade.

vzeti
Vzel je eno cigareto.
Vzela je en košček čokolade.

Er war untreu, aber sie war treu.
Er war faul, aber sie war fleißig.
Er war arm, aber sie war reich.

On je bil nezvest, ona pa zvesta.
On je bil len, ona pa marljiva.
On je bil reven, ona pa bogata.

Er hatte kein Geld, sondern Schulden.
Er hatte kein Glück, sondern Pech.
Er hatte keinen Erfolg, sondern Misserfolg.

On ni imel denarja, pač pa dolgove.
On ni imel sreče, pač pa smolo.
On ni bil uspešen, pač pa je bil neuspešen.

Er war nicht zufrieden, sondern unzufrieden.
Er war nicht glücklich, sondern unglücklich.
Er war nicht sympathisch, sondern unsympathisch.

On ni bil zadovoljen, pač pa je bil nezadovoljen.
On ni bil srečen, pač pa je bil nesrečen.
On ni bil simpatičen, pač pa je bil antipatičen.

82
[zweiundachtzig]

Vergangenheit 2

82
[dvainosemdeset]

Preteklost 2

Musstest du einen Krankenwagen rufen?
Musstest du den Arzt rufen?
Musstest du die Polizei rufen?

Ali si moral(a) poklicati rešilca?
Ali si moral(a) poklicati zdravnika?
Ali si moral(a) poklicati policijo?

Haben Sie die Telefonnummer? Gerade hatte ich sie noch.
Haben Sie die Adresse? Gerade hatte ich sie noch.
Haben Sie den Stadtplan? Gerade hatte ich ihn noch.

Ali imate telefonsko številko? Pravkar sem jo še imel(a).
Ali imate naslov? Pravkar sem ga še imel(a).
Ali imate načrt mesta? Pravkar sem ga še imel(a).

Kam er pünktlich? Er konnte nicht pünktlich kommen.
Fand er den Weg? Er konnte den Weg nicht finden.
Verstand er dich? Er konnte mich nicht verstehen.

Je prišel točno? On ni mogel priti pravočasno.
Je našel pot? Ni mogel najti poti.
Te je razumel? Ni me mogel razumeti.

Warum konntest du nicht pünktlich kommen?
Warum konntest du den Weg nicht finden?
Warum konntest du ihn nicht verstehen?

Zakaj nisi mogel (mogla) priti točno?
Zakaj nisi mogel (mogla) najti poti?
Zakaj ga nisi mogel (mogla) razumeti?

Ich konnte nicht pünktlich kommen, weil kein Bus fuhr.
Ich konnte den Weg nicht finden, weil ich keinen Stadtplan hatte.
Ich konnte ihn nicht verstehen, weil die Musik so laut war.

Nisem mogel (mogla) priti točno, ker ni vozil noben avtobus.
Nisem mogel (mogla) najti poti, ker nisem imel(a) načrta mesta.
Nisem ga mogel (mogla) razumeti, ker je bila glasba tako glasna.

Ich musste ein Taxi nehmen.
Ich musste einen Stadtplan kaufen.
Ich musste das Radio ausschalten.

Moral(a) sem vzeti taksi.
Moral(a) sem kupiti načrt mesta.
Moral(a) sem izklopiti radio.

83
[dreiundachtzig]

Vergangenheit 3

83
[triinosemdeset]

Preteklost 3

telefonieren
Ich habe telefoniert.
Ich habe die ganze Zeit telefoniert.

telefonirati (pogovarjati se po telefonu)
Telefoniral(a) sem.
Ves čas sem telefoniral(a).

fragen
Ich habe gefragt.
Ich habe immer gefragt.

vprašati
Vprašal(a) sem.
Vedno sem spraševal(a).

erzählen
Ich habe erzählt.
Ich habe die ganze Geschichte erzählt.

povedati
Povedal(a) sem.
Povedal(a) sem celo zgodbo.

lernen
Ich habe gelernt.
Ich habe den ganzen Abend gelernt.

učiti se
Učil(a) sem se.
Učil(a) sem se ves večer.

arbeiten
Ich habe gearbeitet.
Ich habe den ganzen Tag gearbeitet.

delati
Delal(a) sem.
Delal(a) sem ves dan.

essen
Ich habe gegessen.
Ich habe das ganze Essen gegessen.

jesti
Jedel (jedla) sem.
Pojedel (pojedla) sem vso hrano.

84 [vierundachtzig]

Vergangenheit 4

84 [štiriinosemdeset]

Preteklost 4

lesen
Ich habe gelesen.
Ich habe den ganzen Roman gelesen.

brati
Bral(a) sem.
Prebral(a) sem cel roman.

verstehen
Ich habe verstanden.
Ich habe den ganzen Text verstanden.

razumeti
Razumel(a) sem.
Razumel(a) sem celotno besedilo.

antworten
Ich habe geantwortet.
Ich habe auf alle Fragen geantwortet.

odgovoriti
Odgovoril(a) sem.
Odgovoril(a) sem na vsa vprašanja.

Ich weiß das – ich habe das gewusst.
Ich schreibe das – ich habe das geschrieben.
Ich höre das – ich habe das gehört.

Vem to – vedel(a) sem to.
Pišem to – napisal(a) sem to.
Slišim to – slišal(a) sem to.

Ich hole das – ich habe das geholt.
Ich bringe das – ich habe das gebracht.
Ich kaufe das – ich habe das gekauft.

Grem to iskat– šla sem to iskat.
Prinesem to – prinesel (prinesla) sem to.
Kupim to – to sem kupil(a).

Ich erwarte das – ich habe das erwartet.
Ich erkläre das – ich habe das erklärt.
Ich kenne das – ich habe das gekannt.

Pričakujem to – to sem pričakoval(a).
Pojasnim to – to sem pojasnil(a).
Poznam to – to sem poznal(a).

85
[fünfundachtzig]

Fragen –
Vergangenheit 1

85
[petinosemdeset]

Vprašanje –
preteklost 1

Wie viel haben Sie getrunken?	Koliko ste spili?
Wie viel haben Sie gearbeitet?	Koliko ste delali?
Wie viel haben Sie geschrieben?	Koliko ste napisali?
Wie haben Sie geschlafen?	Kako ste spali?
Wie haben Sie die Prüfung bestanden?	Kako ste prestali izpit?
Wie haben Sie den Weg gefunden?	Kako ste našli pot?
Mit wem haben Sie gesprochen?	S kom ste govorili?
Mit wem haben Sie sich verabredet?	S kom ste se dogovorili?
Mit wem haben Sie Geburtstag gefeiert?	S kom ste proslavljali rojstni dan?
Wo sind Sie gewesen?	Kje ste bili?
Wo haben Sie gewohnt?	Kje ste stanovali?
Wo haben Sie gearbeitet?	Kje ste delali?
Was haben Sie empfohlen?	Kaj ste priporočili?
Was haben Sie gegessen?	Kaj ste jedli?
Was haben Sie erfahren?	Kaj ste izvedeli (doživeli)?
Wie schnell sind Sie gefahren?	Kako hitro ste vozili?
Wie lange sind Sie geflogen?	Kako daleč ste leteli?
Wie hoch sind Sie gesprungen?	Kako visoko ste skočili?

86
[sechsundachtzig]

Fragen –
Vergangenheit 2

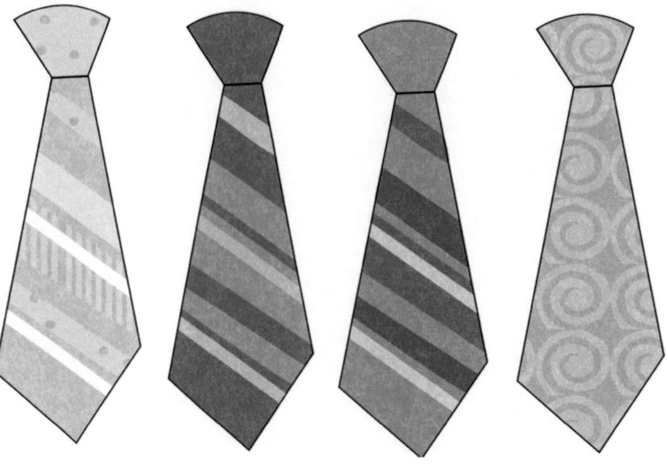

86
[šestinosemdeset]

Vprašanja –
preteklost 2

Welche Krawatte hast du getragen?	Kakšno kravato si imel(a) na sebi?
Welches Auto hast du gekauft?	Kakšen avto si kupil(a)?
Welche Zeitung hast du abonniert?	Kakšen časopis si naročil(a)?
Wen haben Sie gesehen?	Koga ste videli?
Wen haben Sie getroffen?	Koga ste srečali?
Wen haben Sie erkannt?	Koga ste prepoznali?
Wann sind Sie aufgestanden?	Kdaj ste vstali?
Wann haben Sie begonnen?	Kdaj ste začeli?
Wann haben Sie aufgehört?	Kdaj ste končali?
Warum sind Sie aufgewacht?	Zakaj ste se zbudili?
Warum sind Sie Lehrer geworden?	Zakaj ste postali učitelj?
Warum haben Sie ein Taxi genommen?	Zakaj ste vzeli taksi?
Woher sind Sie gekommen?	Odkod ste prišli?
Wohin sind Sie gegangen?	Kam ste šli?
Wo sind Sie gewesen?	Kje ste bili?
Wem hast du geholfen?	Komu si pomagal(a)?
Wem hast du geschrieben?	Komu si pisal(a)?
Wem hast du geantwortet?	Komu si odgovoril(a)?

87
[siebenundachtzig]

Vergangenheit der Modalverben 1

87
[sedeminosemdeset]

Oblike modalnih glagolov za preteklost 1

Wir mussten die Blumen gießen.	Morali smo zaliti rože.
Wir mussten die Wohnung aufräumen.	Morali smo pospraviti (pospravljati) stanovanje.
Wir mussten das Geschirr spülen.	Morali smo pomivati posodo.
Musstet ihr die Rechnung bezahlen?	Ste morali (morale) plačati račun?
Musstet ihr Eintritt bezahlen?	Ste morali (morale) plačati vstopnino?
Musstet ihr eine Strafe bezahlen?	Ste morali (morale) plačati kazen?
Wer musste sich verabschieden?	Kdo se je moral posloviti?
Wer musste früh nach Hause gehen?	Kdo je moral zgodaj oditi domov?
Wer musste den Zug nehmen?	Kdo je moral iti z vlakom?
Wir wollten nicht lange bleiben.	Nismo hoteli dolgo ostati.
Wir wollten nichts trinken.	Nismo hoteli nič piti.
Wir wollten nicht stören.	Nismo hoteli motiti.
Ich wollte eben telefonieren.	Ravno sem hotel telefonirati.
Ich wollte ein Taxi bestellen.	Hotel sem naročiti taksi.
Ich wollte nämlich nach Haus fahren.	Hotel sem namreč iti domov.
Ich dachte, du wolltest deine Frau anrufen.	Mislil(a) sem, da si hotel poklicati svojo ženo.
Ich dachte, du wolltest die Auskunft anrufen.	Mislil(a) sem, da si hotel poklicati na informacijo.
Ich dachte, du wolltest eine Pizza bestellen.	Mislil(a) sem, da si hotel naročiti pico.

88
[achtundachtzig]

Vergangenheit der Modalverben 2

88
[oseminosemdeset
]

Oblike modalnih glagolov za preteklost 2

Mein Sohn wollte nicht mit der Puppe spielen. Meine Tochter wollte nicht Fußball spielen. Meine Frau wollte nicht mit mir Schach spielen.	Moj sin se ni hotel igrati s punčko. Moja hči ni hotela igrati nogometa. Moja žena ni hotela igrati z menoj šaha.
Meine Kinder wollten keinen Spaziergang machen. Sie wollten nicht das Zimmer aufräumen. Sie wollten nicht ins Bett gehen.	Moji otroci niso hoteli iti na sprehod. Niso hoteli pospraviti sobe. Niso hoteli iti spat.
Er durfte kein Eis essen. Er durfte keine Schokolade essen. Er durfte keine Bonbons essen.	On ni smel jesti nobenih sladoledov. On ni smel jesti nobene čokolade. On ni smel jesti nobenih bonbonov.
Ich durfte mir etwas wünschen. Ich durfte mir ein Kleid kaufen. Ich durfte mir eine Praline nehmen.	Lahko sem si nekaj zaželel(a). Lahko sem si kupil(a) obleko. Lahko sem vzel(a) eno pralino.
Durftest du im Flugzeug rauchen? Durftest du im Krankenhaus Bier trinken? Durftest du den Hund ins Hotel mitnehmen?	Ali si smel(a) kaditi na letalu? Ali si smel(a) piti pivo v bolnišnici? Ali si smel(a) imeti v hotelu s sabo psa?
In den Ferien durften die Kinder lange draußen bleiben. Sie durften lange im Hof spielen. Sie durften lange aufbleiben.	Med počitnicami so otroci smeli dlje časa ostajati zunaj. Smeli so se dlje časa igrati na dvorišču. Smeli so dlje časa ostajati pokonci.

89
[neunundachtzig]

Imperativ 1

89
[devetinosemdeset
]

Velelnik 1
(Imperativ 1)

Du bist so faul – sei doch nicht so faul! Du schläfst so lang – schlaf doch nicht so lang! Du kommst so spät – komm doch nicht so spät!	Ti si tako len(a) – ne bodi vendar tako len(a)! Ti tako dolgo spiš – ne spi vendar tako dolgo! Ti prihajaš tako pozno – daj vendar, ne prihajaj tako pozno!
Du lachst so laut – lach doch nicht so laut! Du sprichst so leise – sprich doch nicht so leise! Du trinkst zu viel – trink doch nicht so viel!	Ti se smeješ tako glasno – ne smej se vendar tako glasno! Ti govoriš tako tiho – ne govori vendar tako tiho! Ti preveč piješ – daj vendar, ne pij toliko!
Du rauchst zu viel – rauch doch nicht so viel! Du arbeitest zu viel – arbeite doch nicht so viel! Du fährst so schnell – fahr doch nicht so schnell!	Ti preveč kadiš – daj vendar, ne kadi toliko! Ti preveč delaš – ne delaj toliko! Ti voziš tako hitro – ne vozi vendar tako hitro!
Stehen Sie auf, Herr Müller! Setzen Sie sich, Herr Müller! Bleiben Sie sitzen, Herr Müller!	Vstanite, gospod Müller! Sedite, gospod Müller! Ostanite na mestu, gospod Müller!
Haben Sie Geduld! Nehmen Sie sich Zeit! Warten Sie einen Moment!	Potrpite! (Potrpljenje, prosim.) Ne hitite! Počakajte trenutek!
Seien Sie vorsichtig! Seien Sie pünktlich! Seien Sie nicht dumm!	Bodite previdni! Bodite točni! Ne bodite neumni (trapasti)!

90 [neunzig]

Imperativ 2

90 [devetdeset]

Velelnik (Imperativ) 2

Rasier dich! Wasch dich! Kämm dich!	Obrij se! Umij se! Počeši se!
Ruf an! Rufen Sie an! Fang an! Fangen Sie an! Hör auf! Hören Sie auf!	Pokliči! Pokličite! Začni! Začnite! Nehaj! Nehajte!
Lass das! Lassen Sie das! Sag das! Sagen Sie das! Kauf das! Kaufen Sie das!	Pusti to! Pustite to! Povej to! Povejte to! Kupi to! Kupite to!
Sei nie unehrlich! Sei nie frech! Sei nie unhöflich!	Nikoli ne bodi nepošten(a)! Nikoli ne bodi nesramen (nesramna)! Nikoli ne bodi nevljuden (nevljudna)!
Sei immer ehrlich! Sei immer nett! Sei immer höflich!	Bodi vedno pošten(a)! Bodi vedno prijazen (prijazna)! Bodi vedno vljuden (vljudna)!
Kommen Sie gut nach Haus! Passen Sie gut auf sich auf! Besuchen Sie uns bald wieder!	Srečno pot domov! Pazite nase! Obiščite nas kmalu spet!

91
[einundneunzig]

Nebensätze mit dass 1

91
[enaindevetdeset]

Odvisni stavki z da 1

Das Wetter wird vielleicht morgen besser.
Woher wissen Sie das?
Ich hoffe, dass es besser wird.

Vreme bo morda jutri boljše.
Odkod veste to?
Upam, da bo boljše.

Er kommt ganz bestimmt.
Ist das sicher?
Ich weiß, dass er kommt.

Prav gotovo pride.
Je to zanesljivo?
Vem, da pride.

Er ruft bestimmt an.
Wirklich?
Ich glaube, dass er anruft.

Zagotovo pokliče.
Res? (Resnično?)
Mislim, da bo poklical.

Der Wein ist sicher alt.
Wissen Sie das genau?
Ich vermute, dass er alt ist.

To vino je gotovo staro.
Veste to gotovo?
Domnevam, da je staro.

Unser Chef sieht gut aus.
Finden Sie?
Ich finde, dass er sogar sehr gut aussieht.

Naš šef dobro izgleda.
Se vam zdi?
Zdi se mi, da celo zelo dobro izgleda.

Der Chef hat bestimmt eine Freundin.
Glauben Sie wirklich?
Es ist gut möglich, dass er eine Freundin hat.

Šef ima gotovo kakšno punco.
Res tako mislite?
Čisto mogoče (možno) je, da ima punco.

92
[zweiundneunzig]

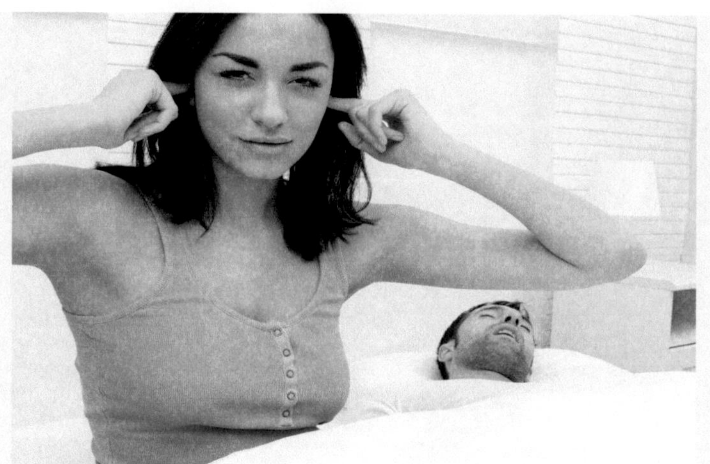

92
[dvaindevetdeset]

Nebensätze mit dass 2

Odvisni stavki z da 2

Es ärgert mich, dass du schnarchst.
Es ärgert mich, dass du so viel Bier trinkst.
Es ärgert mich, dass du so spät kommst.

Jezi me, da smrčiš.
Jezi me to, da piješ tako veliko piva.
Jezi me, da tako pozno prihajaš.

Ich glaube, dass er einen Arzt braucht.
Ich glaube, dass er krank ist.
Ich glaube, dass er jetzt schläft.

Mislim, da potrebuje zdravnika.
Mislim, da je bolan.
Mislim, da zdaj spi.

Wir hoffen, dass er unsere Tochter heiratet.
Wir hoffen, dass er viel Geld hat.
Wir hoffen, dass er Millionär ist.

Upava, da se bo poročil z najino hčerko.
Upava (Upamo), da ima veliko denarja.
Upava (Upamo), da je milijonar.

Ich habe gehört, dass deine Frau einen Unfall hatte.
Ich habe gehört, dass sie im Krankenhaus liegt.
Ich habe gehört, dass dein Auto total kaputt ist.

Slišal(a) sem, da je imela tvoja žena (nesrečo).
Slišal(a) sem, da leži v bolnišnici.
Slišal(a) sem, da je tvoj avto popolnoma uničen.

Es freut mich, dass Sie gekommen sind.
Es freut mich, dass Sie Interesse haben.
Es freut mich, dass Sie das Haus kaufen wollen.

Veseli me, da ste prišli.
Veseli me, da vas zanima (da ste zainteresirani).
Veseli me, da hočete kupiti hišo.

Ich fürchte, dass der letzte Bus schon weg ist.
Ich fürchte, dass wir ein Taxi nehmen müssen.
Ich fürchte, dass ich kein Geld bei mir habe.

Bojim se, da se je zadnji avtobus že odpeljal.
Bojim se, da moramo (morava) vzeti taksi.
Bojim se, da nimam denarja pri sebi.

93
[dreiundneunzig]

Nebensätze mit ob

93
[triindevetdeset]

Odvisni stavki z ali (če)

Ich weiß nicht, ob er mich liebt.
Ich weiß nicht, ob er zurückkommt.
Ich weiß nicht, ob er mich anruft.

Ne vem, ali me ljubi (ima rad).
Ne vem, ali se bo vrnil.
Ne vem, ali me bo poklical.

Ob er mich wohl liebt?
Ob er wohl zurückkommt?
Ob er mich wohl anruft?

Ali me res ljubi?
Ali bo prišel nazaj?
Ali me bo res poklical?

Ich frage mich, ob er an mich denkt.
Ich frage mich, ob er eine andere hat.
Ich frage mich, ob er lügt.

Sprašujem se, ali misli name.
Sprašujem se, ali ima kakšno drugo.
Sprašujem se, ali laže.

Ob er wohl an mich denkt?
Ob er wohl eine andere hat?
Ob er wohl die Wahrheit sagt?

Ali sploh misli name?
Ali ima kakšno drugo?
Ali sploh govori resnico?

Ich zweifele, ob er mich wirklich mag.
Ich zweifele, ob er mir schreibt.
Ich zweifele, ob er mich heiratet.

Dvomim, da me ima zares rad.
Dvomim, da mi bo pisal.
Dvomim, da se bo poročil z mano.

Ob er mich wohl wirklich mag?
Ob er mir wohl schreibt?
Ob er mich wohl heiratet?

Ali me ima zares rad?
Ali mi bo sploh pisal?
Ali se bo sploh poročil z mano?

94
[vierundneunzig]

Konjunktionen 1

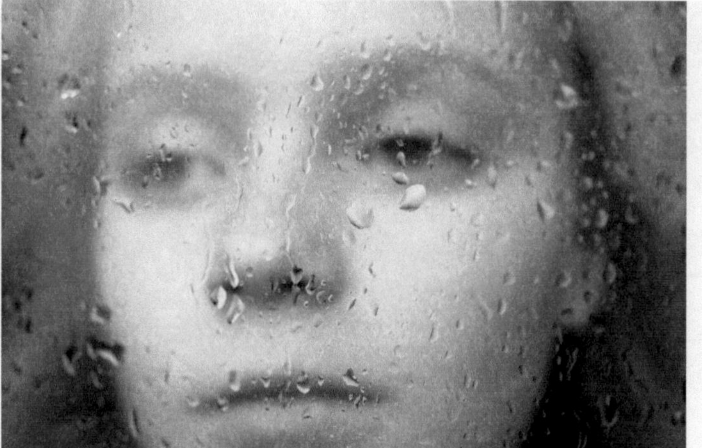

94
[štiriindevetdeset]

Vezniki 1

Warte, bis der Regen aufhört.	Počakaj, dokler ne preneha dež.
Warte, bis ich fertig bin.	Počakaj, dokler ne končam.
Warte, bis er zurückkommt.	Počakaj, dokler se ne vrne.
Ich warte, bis meine Haare trocken sind.	Počakam, dokler se mi ne posušijo lasje.
Ich warte, bis der Film zu Ende ist.	Počakam, dokler se film ne konča.
Ich warte, bis die Ampel grün ist.	Počakam, dokler semafor ne bo zelen.
Wann fährst du in Urlaub?	Kdaj se odpelješ na dopust?
Noch vor den Sommerferien?	Še pred poletnimi počitnicami?
Ja, noch bevor die Sommerferien beginnen.	Ja, še preden se začnejo poletne počitnice.
Reparier das Dach, bevor der Winter beginnt.	Popravi streho, preden se začne zima.
Wasch deine Hände, bevor du dich an den Tisch setzt.	Umij si roke, preden sedeš za mizo.
Schließ das Fenster, bevor du rausgehst.	Zapri okno, preden greš ven.
Wann kommst du nach Hause?	Kdaj prideš domov?
Nach dem Unterricht?	Po pouku?
Ja, nachdem der Unterricht aus ist.	Ja, potem ko bo konec pouka.
Nachdem er einen Unfall hatte, konnte er nicht mehr arbeiten.	Potem, ko se mu je zgodila nesreča, ni več mogel delati.
Nachdem er die Arbeit verloren hatte, ist er nach Amerika gegangen.	Potem, ko je izgubil delo, je odšel v Ameriko.
Nachdem er nach Amerika gegangen war, ist er reich geworden.	Potem, ko je šel v Ameriko, je postal bogat.

95
[fünfundneunzig]

Konjunktionen 2

95
[petindevetdeset]

Vezniki 2

Seit wann arbeitet sie nicht mehr?	Od kdaj ona več ne dela?
Seit ihrer Heirat?	Od njene poroke?
Ja, sie arbeitet nicht mehr, seitdem sie geheiratet hat.	Ja, ona ne dela več, odkar se je poročila.
Seitdem sie geheiratet hat, arbeitet sie nicht mehr.	Odkar se je poročila, ne dela več.
Seitdem sie sich kennen, sind sie glücklich.	Odkar se poznata, sta srečna.
Seitdem sie Kinder haben, gehen sie selten aus.	Odkar imata otroke, gresta poredkoma ven.
Wann telefoniert sie?	Kdaj telefonira?
Während der Fahrt?	Med vožnjo?
Ja, während sie Auto fährt.	Ja, medtem ko vozi avto.
Sie telefoniert, während sie Auto fährt.	Telefonira, medtem ko vozi avto.
Sie sieht fern, während sie bügelt.	Gleda televizijo, medtem ko lika.
Sie hört Musik, während sie ihre Aufgaben macht.	Posluša glasbo, medtem ko opravlja svoje naloge.
Ich sehe nichts, wenn ich keine Brille habe.	Nič ne vidim, kadar nimam očal.
Ich verstehe nichts, wenn die Musik so laut ist.	Nič ne razumem, kadar je glasba tako glasna.
Ich rieche nichts, wenn ich Schnupfen habe.	Nič ne voham, kadar imam nahod.
Wir nehmen ein Taxi, wenn es regnet.	Vzeli bomo taksi, če bo deževalo.
Wir reisen um die Welt, wenn wir im Lotto gewinnen.	Šli bomo na potovanje po svetu, če zadenemo na lotu.
Wir fangen mit dem Essen an, wenn er nicht bald kommt.	Začeli bomo jesti, če ne bo kmalu prišel.

96
[sechsundneunzig]

Konjunktionen 3

96
[šestindevetdeset]

Vezniki 3

Ich stehe auf, sobald der Wecker klingelt.
Ich werde müde, sobald ich lernen soll.
Ich höre auf zu arbeiten, sobald ich 60 bin.

Vstanem, brž ko zazvoni budilka.
Postanem utrujen, brž ko se moram začeti učiti.
Prenehal bom delati, brž ko dopolnim 60 let.

Wann rufen Sie an?
Sobald ich einen Moment Zeit habe.
Er ruft an, sobald er etwas Zeit hat.

Kdaj pokličete?
Takoj ko bom imel trenutek prostega časa.
Pokliče, takoj ko bo imel nekaj prostega časa.

Wie lange werden Sie arbeiten?
Ich werde arbeiten, solange ich kann.
Ich werde arbeiten, solange ich gesund bin.

Kako dolgo boste delali?
Delal(a) bom, dokler bom mogel (mogla).
Delal(a) bom, dokler bom zdrav(a).

Er liegt im Bett, anstatt dass er arbeitet.
Sie liest die Zeitung, anstatt dass sie kocht.
Er sitzt in der Kneipe, anstatt dass er nach Hause geht.

On leži v postelji, namesto da bi delal.
On bere časopis, namesto da bi kuhal.
On sedi v gostilni, namesto da bi šel domov.

Soweit ich weiß, wohnt er hier.
Soweit ich weiß, ist seine Frau krank.
Soweit ich weiß, ist er arbeitslos.

Kolikor vem, stanuje tu.
Kolikor vem, je njegova žena bolna.
Kolikor vem, je on brezposeln.

Ich hatte verschlafen, sonst wäre ich pünktlich gewesen.
Ich hatte den Bus verpasst, sonst wäre ich pünktlich gewesen.
Ich hatte den Weg nicht gefunden, sonst wäre ich pünktlich gewesen.

Zaspal(a) sem, drugače bi bil točen (bila točna).
Zamudil(a) sem avtobus, drugače bi bil točen (bila točna).
Nisem našel (našla) poti, drugače bi bil točen (bila točna).

97
[siebenundneunzig
]

Konjunktionen 4

97
[sedemindevetdes
et]

Vezniki 4

Er ist eingeschlafen, obwohl der Fernseher an war.
Er ist noch geblieben, obwohl es schon spät war.
Er ist nicht gekommen, obwohl wir uns verabredet hatten.

Zaspal je, čeprav je bil televizor vklopljen.
Še je ostal, čeprav je bilo že pozno.
Ni prišel, čeprav smo se dogovorili.

Der Fernseher war an. Trotzdem ist er eingeschlafen.
Es war schon spät. Trotzdem ist er noch geblieben.
Wir hatten uns verabredet. Trotzdem ist er nicht gekommen.

Televizor je bil prižgan. Kljub temu je zaspal.
Bilo je že pozno. Kljub temu je še ostal.
Dogovorili smo se. Kljub temu ni prišel.

Obwohl er keinen Führerschein hat, fährt er Auto.
Obwohl die Straße glatt ist, fährt er schnell.
Obwohl er betrunken ist, fährt er mit dem Rad.

Čeprav nima vozniškega dovoljenja, vozi avto.
Čeprav je cesta spolzka, vozi hitro.
Čeprav je pijan, se pelje s kolesom.

Er hat keinen Führerschein. Trotzdem fährt er Auto.
Die Straße ist glatt. Trotzdem fährt er so schnell.
Er ist betrunken. Trotzdem fährt er mit dem Rad.

On nima vozniškega dovoljenja. Kljub temu vozi avto.
Cesta je spolzka. Kljub temu vozi tako hitro.
On je pijan. Kljub temu se pelje s kolesom.

Sie findet keine Stelle, obwohl sie studiert hat.
Sie geht nicht zum Arzt, obwohl sie Schmerzen hat.
Sie kauft ein Auto, obwohl sie kein Geld hat.

Nobene službe ne najde, čeprav je študirala.
Ona ne gre k zdravniku, čeprav čuti bolečine.
Ona kupuje avto, čeprav nima denarja.

Sie hat studiert. Trotzdem findet sie keine Stelle.
Sie hat Schmerzen. Trotzdem geht sie nicht zum Arzt.
Sie hat kein Geld. Trotzdem kauft sie ein Auto.

Študirala je. Kljub temu ne najde nobene službe.
Ona čuti bolečine. Kljub temu ne gre k zdravniku.
Ona nima denarja. Kljub temu kupuje avto.

98
[achtundneunzig]

Doppelte Konjunktionen

98
[osemindevetdeset
]

Dvodelni vezniki

Die Reise war zwar schön, aber zu anstrengend.	Potovanje je bilo sicer lepo, ampak preveč utrudljivo.
Der Zug war zwar pünktlich, aber zu voll.	Vlak je bil sicer točen, vendar pa prepoln.
Das Hotel war zwar gemütlich, aber zu teuer.	Hotel je bil sicer udoben, vendar pa predrag.
Er nimmt entweder den Bus oder den Zug.	On bo šel bodisi z avtobusom, bodisi z vlakom.
Er kommt entweder heute Abend oder morgen früh.	On bo prišel bodisi nocoj, ali pa zjutraj.
Er wohnt entweder bei uns oder im Hotel.	Stanoval bo bodisi pri nas, ali pa v hotelu.
Sie spricht sowohl Spanisch als auch Englisch.	Ona govori tako špansko, kot tudi angleško.
Sie hat sowohl in Madrid als auch in London gelebt.	Ona je živela tako v Madridu, kot tudi v Londonu.
Sie kennt sowohl Spanien als auch England.	Ona pozna tako Španijo, kot tudi Anglijo.
Er ist nicht nur dumm, sondern auch faul.	On ni le neumen, pač pa je tudi len.
Sie ist nicht nur hübsch, sondern auch intelligent.	Ona ni samo lepa, pač pa je tudi pametna.
Sie spricht nicht nur Deutsch, sondern auch Französisch.	Ona ne govori samo nemško, pač pa tudi francosko.
Ich kann weder Klavier noch Gitarre spielen.	Ne znam igrati niti na klavir, niti na kitaro.
Ich kann weder Walzer noch Samba tanzen.	Ne znam plesati niti valčka, niti sambe.
Ich mag weder Oper noch Ballett.	Nimam rad niti opere, niti baleta.
Je schneller du arbeitest, desto früher bist du fertig.	Hitreje ko boš delal, prej boš končal.
Je früher du kommst, desto früher kannst du gehen.	Prej ko boš prišel, prej boš lahko šel.
Je älter man wird, desto bequemer wird man.	Starejši ko si, udobneje ti je.

99
[neunundneunzig]

Genitiv

99
[devetindevetdese
t]

Rodilnik (Genitiv)

die Katze meiner Freundin
der Hund meines Freundes
die Spielsachen meiner Kinder

mačka moje prijateljice
pes mojega prijatelja
igrače mojih otrok

Das ist der Mantel meines Kollegen.
Das ist das Auto meiner Kollegin.
Das ist die Arbeit meiner Kollegen.

To je plašč mojega kolega.
To je avto moje kolegice.
To je delo mojega kolega.

Der Knopf von dem Hemd ist ab.
Der Schlüssel von der Garage ist weg.
Der Computer vom Chef ist kaputt.

Gumb s srajce je odpadel.
Ključa garaže ni več.
Šefov računalnik je pokvarjen.

Wer sind die Eltern des Mädchens?
Wie komme ich zum Haus ihrer Eltern?
Das Haus steht am Ende der Straße.

Kje so starši teh deklet?
Kako pridem do hiše njihovih staršev?
Hiša stoji na koncu ulice.

Wie heißt die Hauptstadt von der Schweiz?
Wie heißt der Titel von dem Buch?
Wie heißen die Kinder von den Nachbarn?

Kako se imenuje glavno mesto Švice?
Kakšen je naslov te knjige?
Kako se imenujejo sosedovi otroci?

Wann sind die Schulferien von den Kindern?
Wann sind die Sprechzeiten von dem Arzt?
Wann sind die Öffnungszeiten von dem Museum?

Kdaj imajo otroci šolske počitnice?
Kdaj dela zdravnik?
Ob katerih urah je odprt muzej?

100 [hundert]

Adverbien

100 [sto]

Adverbi (prislovi)

schon einmal – noch nie
Sind Sie schon einmal in Berlin gewesen?
Nein, noch nie.

že enkrat (že kdaj) – še nikoli
Ali ste že bili kdaj v Berlinu?
Ne, še nikoli.

jemand – niemand
Kennen Sie hier jemand(en)?
Nein, ich kenne hier niemand(en).

nekdo – nihče
Poznate tukaj koga?
Ne, tukaj ne poznam nikogar.

noch – nicht mehr
Bleiben Sie noch lange hier?
Nein, ich bleibe nicht mehr lange hier.

še – nič več
Ali ostajate še dolgo tu?
Ne, ne ostanem več dolgo tu.

noch etwas – nichts mehr
Möchten Sie noch etwas trinken?
Nein, ich möchte nichts mehr.

še (ne)kaj – nič več
Bi radi še kaj popili?
Ne, ne želim nič več.

schon etwas – noch nichts
Haben Sie schon etwas gegessen?
Nein, ich habe noch nichts gegessen.

že (ne)kaj – še nič
Ali ste že kaj pojedli?
Ne, nič še nisem pojedel (pojedla).

noch jemand – niemand mehr
Möchte noch jemand einen Kaffee?
Nein, niemand mehr.

še (ne)kdo – nihče več
Bi še kdo rad kavo?
Ne, nihče več.